재미 쏙! 지식 쏙! 속담 한국사
❺ 임시 정부에서 국민의 정부

현무와 주작 글 | 이용규 그림

2015년 8월 20일 초판 인쇄
2015년 8월 25일 초판 발행

펴낸이 김기옥 | 펴낸곳 봄나무 | 아동본부장 박재성
편집 김인애 | 객원 편집 이정아 | 디자인 예손 | 영업 김선주
제작 김형식 | 지원 고광현 임민진
등록 제313-2004-50호(2004년 2월 25일)
주소 121-839 서울시 마포구 양화로 11길 13(서교동, 강원빌딩 5층)
전화 (02) 325-6694 팩스 (02) 707-0198
이메일 info@hansmedia.com

도서주문 한즈미디어(주)
주소 121-839 서울시 마포구 양화로 11길 13(서교동, 강원빌딩 5층)
전화 (02) 325-6694 팩스 (02) 707-0198

ⓒ 최향숙, 2015

ISBN 979-11-5613-066-6 74910
       979-11-5613-058-1 (세트)

＊사진 자료 16p ⓒ 국립중앙박물관 | 18p ⓒ wikipedia.org | 21p ⓒ 공유마당 | 22p ⓒ wikipedia.org
32p, 33p, 34p, 36p, 47p ⓒ wikipedia.org | 51p, 52p ⓒ 공유마당 | 61p, 67p, 80p, 81p 95p ⓒ wikipedia.org
95p ⓒ 동아일보, wikipedia.org | 96p ⓒ 4·19혁명기념도서관 | 97p ⓒ Ryuch, wikipedia.org | 99p, 112p ⓒ wikipedia.org
129p ⓒ manhhai, wikipedia.org | 132p ⓒ dalgial, wikipedia.org | 144p ⓒ 경향신문사, wikipedia.org
147p ⓒ RedMosQ, wikipedia.org | 157p ⓒ kayakorea, wikipedia.org | 158p ⓒ Pioneerhj, wikipedia.org
172p, 176p, 189p ⓒ 연합뉴스

＊이 책 내용의 일부 또는 전부를 재사용하려면 반드시 저작권자와 봄나무 양측의 동의를 얻어야 합니다.
＊책값은 뒤표지에 나와 있습니다.

❺ 임시 정부에서
국민의 정부

재미 쏙! 지식 쏙!
속담 한국사

현무와 주작 글 이용규 그림

순국선열들의
정신을 기리며...

봄나무

피땀 흘려 이룩한 민주주의 대한민국

    잘 알다시피, 우리 겨레는 35년 동안 일제의 지배를 받았습니다. 이 시기는 그야말로, 우리 역사의 암흑기였습니다. 게다가 일제가 물러났음에도, 우리 역사에서 암흑은 쉬이 걷히지 않았습니다. 오히려 더 참담하게도, 남과 북으로 분단되고 그것도 모자라 서로의 가슴에 총부리를 겨누며 피를 흘리고 말았지요.

    그 결과 우리에게 남은 것은 잿더미와 눈물뿐이었습니다. 그러나 그 속에서도 우리 할아버지와 할머니, 어머니와 아버지들은 열심히 일하고, 열심히 싸워서 경제를 발전시키고 민주주의를 이룩해 나갔습니다. 그 결과 오늘의 대한민국이 존재하게 된 것입니다.

    《속담 한국사 5》편은 바로 이 시기, 즉 일제에서 해방된 뒤 오늘날에 이르기까지 약 70여 년의 역사를 '속담'과 함께 풀어 냈습니다.

　속담은 오랜 세월 동안 사람들이 얻은 교훈이나 견해를 짧은 문장으로 표현한 것이잖아요? 당연히 역사의 장면 장면에서도 이러한 교훈이나 견해를 찾을 수가 있지요.

　그러니 우리 역사를 속담과 연결 지으면서 공부하면, 역사를 기억하기 쉬운 것은 물론 그 역사에서 얻을 수 있는 교훈이나 당시 사람들의 견해도 어렵지 않게 이해할 수 있을 거예요.

　이 책을 통해 쉽고 재미나게, 그리고 폭넓고 깊이 있게 우리 역사를 이해하기 바랍니다.

현무와 주작

차례

첫 번째 보따리_1930년대 독립운동과 일제의 민족 말살 정책
벼룩의 간을 내먹는다 … 9

두 번째 보따리_민족 문화 수호를 위한 노력
가만한 바람이 대목을 꺾는다 … 23

세 번째 보따리_광복과 정부 수립을 위한 노력
하늘도 끝 갈 날이 있다 … 37

네 번째 보따리_미소 군정과 분단
마른하늘에 날벼락 … 53

다섯 번째 보따리_6·25 전쟁과 휴전
전쟁이 시작되면 지옥이 열린다 … 69

여섯 번째 보따리 _3·15 부정 선거와 4·19 혁명
찬물 먹고 냉돌방에서 땀 낸다 … 85

일곱 번째 보따리 _5·16 군사 정변과 제3공화국
하늘이 돈짝만 하다 … 103

여덟 번째 보따리 _경제 성장의 빛과 그림자
고생 끝에 낙이 온다 … 117

아홉 번째 보따리 _10월 유신과 10·26 사태
벌도 범이 있지 … 133

열 번째 보따리 _신군부의 등장과 광주 민주화 운동
어린아이 팔 꺾은 것 같다 … 149

열한 번째 보따리 _6월 항쟁과 민주화
눈 가리고 아웅 … 163

열두 번째 보따리 _금융 위기 극복과 미래로 가는 대한민국
어느 구름에서 비가 올지 … 177

첫 번째 보따리
1930년대 독립운동과
일제의 민족 말살 정책

벼룩의 간을 내먹는다

'벼룩의 간을 내먹는다'라는 속담은
형편이 어려운 사람들에게 금품 등을 빼앗는다는 의미예요.
벼룩은 곤충의 한 종류로,
곤충 중에도 가장 작은 부류에 속하지요.
그래서 벼룩을 '가난한 사람' 그 가운데에서도
'특히 형편이 어려운 사람'에 비유한 거예요.
간은 '금품'에 빗대었고요.
1930년대부터 해방 직전까지,
일제가 조선에 한 짓을 이보다 잘 표현한 속담도 없을 거예요.

죽음을 향해 간 사나이

작은 여관방에는 담배 연기만 자욱했습니다. 김구는 방바닥만 바라본 채, 입을 꾹 다물고 있었습니다. 김구 앞의 청년 역시 그랬습니다. 두 사람의 침묵에 방바닥마저 꺼져 들어가는 것만 같았습니다. 그 침묵을 먼저 깬 건 청년이었습니다.

"선생님, 제가 살아가면서 가장 감격했을 때가 언제인 줄 아십니까?"

청년의 물음에 김구는 고개를 들었습니다. 그러나 대답할 수 없었습니다. 서로 알게 된 지 1년여……. 길다면 긴 시간이었지만, 서로에 대해 알기는 쉽지 않은 시간이었습니다. 그래도 김구는 청년과 지낸 시간을 되돌아보았습니다.

처음 만났을 때, 청년은 기노시타 소조라는 일본인이었습니다. 기노시타는 일본 옷에 일본 음식을 즐겼고, 일본 말 또한 유창한 일본 사람이었으니까요. 그러나 사실 그는 조선 사람이었습니다. 경성의 용산 부근에서 태어나, 철도역에서 일을 하던 노동자였지요. 조선 사람이라 차별받는 것이 서러워, 일본으로 건너가 일본 사람 행세를 하며 살았던 것입니다. 그러나 청년은 조선 사람이 결코 일본 사람이 될 수 없음을, 조선 사람으로서는 일본 땅에서 결코 사람답게 살 수 없음을 깨달았습니다. 더불어 자신의 모든 불행이 식민지 조선의 현실에서 온 것임을 자각해, 독립운동에 뛰어들기로 결심했지요. 그는 바다를 건너 중국 상하이의 임시 정부를 찾아 온 애국지사였고, 너무나 일본 사람 같아서 일본 첩자로 오해를 받았지만, 묵묵히 독립을 위해 할 일을 찾던 독립투사였습니다. 그게 다였습니다. 김구가 청년에 대해 아는 것은 그뿐이었지요.

"선생님께서 제게 200원을 주셨을 때 말입니다……."

김구는 청년의 목소리에서 눈물이 묻어 나오는 것을 느꼈습니다. 그 돈 200원은 동포들이 독립운동 자금으로 쓰라고 모아 온 돈이었지요. 태평양 건너 하와이와 멕시코에서, 사탕수수 농장에서 노예처럼 일하면서도 조국의 독립을 염원하며 보내온 피와 땀 그리고 눈물이었습니다. 김구는 그 돈을 청년에게 주었습니다. 청년이 준비하고 있는 일, 즉 독립을 위한 일에 쓰라고 말입니다.

"그때가 바로 제 인생에서 가장 감격적인 순간이었습니다. 그 돈이 얼마나 소중한 것인지는, 저도 잘 알고 있습니다. 그리고 그런 돈을 제게 주신 것은 그만큼 선생님께서 저를 믿고 계신다는 뜻이라는 것도 잘 알고 있습니다."

청년은 김구를 바라보며 말을 이었습니다.

"선생님, 저는 지금까지 그 누구에게도 신뢰를 받아 본 적이 없었습니다. 선생님이 저를 믿어 주신 단 한 분이십니다."

청년의 말에 김구도 울컥했습니다. 그가 살아온 삶이 녹록지 않았음을 느낄 수 있었기 때문입니다. 그러나 김구는 아무 말도 할 수 없었습니다. 그가 가야 할 길이 어떤 길인지 알고 있었기 때문입니다. 그 마음을 아는지, 청년이 웃으며 말했습니다.

"선생님, 선생님의 믿음을 저버리지 않겠습니다. 반드시 일본 왕을 처단하겠습니다!"

김구는 어금니를 악물며, 청년의 손을 잡았습니다. 거친 손마디는 그가 어떻게 살아왔는지를 다시 한 번 말해 주고 있었습니다. 김구는 목이 메어 아무 말도 할 수 없었습니다.

다음 날 새벽, 청년은 떠났습니다. 일본 왕을 죽이기 위해, 스스로 죽음을 향해 걸어 들간 것입니다. 그 청년의 이름은 바로 이봉창이었습니다.

며칠 뒤, 일본에서 전보가 왔습니다.

"1월 8일 물건을 보내겠습니다."

이봉창이 보낸 전보였습니다. 1월 8일, 일본 왕을 죽일 거사를 일으키겠다는 암호였지요.

"거사가 꼭 성공해야 할 텐데."

김구는 나지막이 중얼거리는 이동녕을 바라보았습니다. 이동녕은 독립운동의 선배이자, 임시 정부를 함께 지키는 동지였습니다. 그의 얼굴은 주름으로 그늘져 있었지요. 그 그늘은 임시 정부에 드리운 그늘과도 같았습니다.

1919년 3·1 운동을 계기로 만들어진 임시 정부는 소식을 주고받을 수 있는 연통제가 파괴되어 조선과 단절되고 말았습니다. 그 뒤 동지들은 생각의 차이로 뿔뿔이 흩어졌고, 일본의 탄압 앞에 무릎을 꿇은 변절자들도 속속 등장했지요. 그런 와중에 중국도 임시 정부를 돕지 않았습니다. 일제가 중국과 조선을 이간질시켰기 때문입니다. 이 때문에 중국 땅에 자리 잡은 임시 정부는 하루하루가 위태로웠습니다. 그러나 김구는 주먹을 불끈 쥐었습니다.

"꼭 성공할 겁니다. 그래서 우리 임시 정부는 물론 독립운동의 활로를 열어 줄 겁니다."

이동녕도 다짐하듯 말했습니다.

"분명히 그럴 걸세. 이봉창 군이, 아니 한인 애국단이 돌파구를 열어 줄 거야."

'한인 애국단'은 김구가 꾸린 조직이었습니다. 일본 왕을 비롯한 일본의 주요 인사나 관공서 등을 공격하는 것이 주된 임무였지요. 이봉창이 일본 왕을 죽이려 하는 것 역시 한인 애국단 활동의 하나였습니다.

"그래야 합니다!"

김구는 동쪽으로 난 창밖을 바라보며 말을 이었습니다.

"일제는 이제 벼룩의 간을 내어 먹을 기세로 우리 조선을 수탈하기 시작할 겁니다. 곳곳에서 전쟁을 일으키고 있으니까요. 하지만 그것은 일제가 패망으로 가는 길이 될 것입니다. 그러니 어서 빨리 돌파구를 찾아야 해요. 우리 힘으로 일제를 몰아낼 힘을 길러야 해요."

동쪽 하늘 끝에 이봉창이 있을 터였습니다. 이봉창이 반드시 성공하기를, 그래서 침체된 독립운동에 활력을 불어넣어 주기를, 김구는 가만히 기도했습니다.

1930년대 항일 무장 투쟁

1930년대에 들어서자마자, 일본은 대륙 침략을 개시했습니다. 만주 사변을 일으킨 것입니다. 일본의 힘은 조선에 이어 만주, 더 나아가 중국으로 진출할 만큼 나날이 커지고 있었지요.

그에 반해 조선의 독립운동은 위축되고 있었습니다. 일제의 식민 통치가 20년이 넘어가자, 일제의 지배를 인정하자는 주장까지 나올 정도였습니다. 많은 변절자들이 생겼고, 독립운동가들은 고립되었습니다. 그래서 김구는 **한인 애국단**을 꾸려, 조선이 여전히 독립을 위해 싸우고 있음을 알리려 한 것입니다.

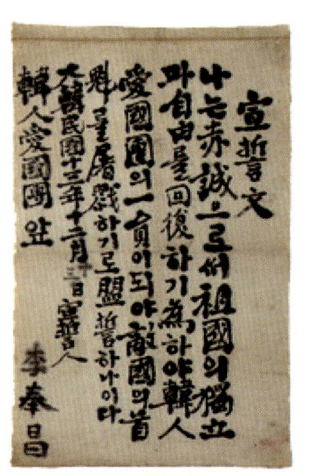

▲ **이봉창 의사 선언문**
조선의 독립과 자유를 회복하기 위해 한인 애국단이 되겠다는 내용의 선언문이다. 이봉창이 의거 직전에 맹세 한 자필서이다.

이봉창의 의거는 한인 애국단의 첫 번째 임무였습니다. 이봉창은 1932년 1월 8일, 일본의 도쿄 한복판에서 일본 왕을 향해 폭탄을 던졌습니다. 폭탄의 성능이 좋지 않아 실패하고 말았지만, 한인 애국단은 뒤이어 **윤봉길**의 의거를 계획했습니다. 이봉창의 거사가 있은 지 3개월여 만인 1932년 4월 29일,

▲ 의거 직전의 김구와 윤봉길

윤봉길은 거사 직전 자신의 새 시계를 김구의 헌 시계와 바꿔 차고 갔다고 한다. 죽음의 길로 가는 자신에게는 새 시계가 필요 없다고 여겼기 때문이다.

윤봉길은 상하이 훙커우 공원에 모여 일본 왕의 생일을 축하하던 일본 장성과 관료들을 향해 폭탄을 던졌습니다. 이봉창 의거의 실패를 교훈 삼아, 이번에는 폭탄의 성능을 높였습니다. 윤봉길의 의거는 성공적이었습니다. 일본의 주요 인물들을 제거했기 때문이지요.

이러한 활동은 조선 민중은 물론 중국인들까지 일깨웠습니다. 중국인들은 일본이 만주로 쳐들어오고, 제 나라 한복판에서 일본 왕의 생일을 축하하는데도 보고만 있었습니다. 그런데 조선의 청년이 의거를 일으킨 것이었지요. 중국의 신문들은 '중국인들이 해야 할 일을 조선 청년 윤봉길이 해냈다!'라며 대서특필했습니다. 그러자 지금까지 임시 정부를 홀대하던 중국 정부가 임시 정부를 돕기 시작했습니다. 임시 정부로서는 숨통이 트이는 일이었습니다.

이러한 분위기는 **민족 혁명당** 건설로 이어졌습니다. 중국에서 싸우던 독립운동가들이 하나로 힘을 합친 것입니다. 또 **김원봉**을 중심으로 **조선 의용대**라는 군대 조직을 만들어, 일제와 맞서 싸우기도 했습니다.

만주에서도 독립군들의 활약이 펼쳐졌습니다. 그동안 만주의 중국인들은 일제에게 조선의 독립운동가들을 넘기기 바빴습니다. 일본이 조선의 독립운동가들을 잡아오면 두둑하게 돈을 주었기 때문입니다. 그러나 일제가 만주를 침략하자, 중국인들은 그제야 잘못을 깨달았지요. 만주의 중국인들도 조선 독립군에게 손을 내밀었습니다. 조선의 독립군과 만주의 중국군이 공동 작전을 수행하기 시작한 것입니다. 그 결과 양세봉이 이끄는 **조선 혁명군**은 영릉가 등에서 일본군을 쳐부쉈습니다. 지청천이 이끄는 **한국 독립군**은 쌍성보 전투 등을 통해 일제의 간담을 서늘하게 했지요.

한반도에 남아 있던 애국지사들도 일제와 맞섰습니다. 그러나 국내의 저항은 만주와 중국처럼 활발히 진행되지 못했습니다. 일제의 직접적인 식민지 통치가 벼룩의 간을 내먹을 만큼, 나날이 혹독해지고 있었기 때문입니다.

한반도의 병참 기지화와 일제의 민족 말살 정책

1931년 만주 사변을 일으킨 일제는 중국 대륙으로 진출하고자 하는 야욕을 숨기지 않았습니다. 6년 뒤인 1937년, 일제는 다시 중일 전쟁을 일으켰습니다. 2년 뒤인 1939년 제2차 세계 대전이 일어나자, 일제는 침략의 야욕을 더욱 적나라하게 드러냈습니다. 1941년, 미국의 진주만을 공격해 태평양 전쟁을 일으킨 것입니다. 이로써, 제2차 세계 대전이 유럽에서 아시아와 오세아니아까지, 전 세계로 확전되었습니다. 일본은 이 전쟁을 통해 한반도와 중국을 넘어, 아시아 전체를 지배하려고 했지요.

그런데 전쟁을 하자면, 전쟁을 수행하는 데 쓰일 물자가 필요한 법입니다. 일제는 그 물자를 바로 식민지 조선에서 얻으려 했습니다.

일제는 1910년 한일 강제 병합을 하기 이전부터, 조선에 길을 닦고 철로를 건설하는 데 관심이 많았습니다. 그래야 전쟁 수행에 필요한 사람과 물자를 효율적으로 운송할 수 있기 때문입니다. 일찍이 조선과 중국의 영토 분쟁 지역인 간도(압록강 상류와 두만강 북쪽의 조선인 거주 지역)를 중국에 넘겨주고 그 대신 간도의 철도 부설권을 가져온 것도 이와 같은 이유였습니다. 일본은 어차피 몇 년 뒤 중국으로 나아가면 간도는 곧 자기들의 영토가 될 거라 생각했기 때문에, 중국과의 전쟁에 필요한 운송 수단에 더 눈독을 들였던 것입니다.

이런 상황에서 전쟁을 일으킨 일제는 조선에 화학, 금속, 제철 등과 같은 공업을 발전시키기 시작했습니다. 또 철, 석탄 등의 광산 자원 개발에 더욱 몰두했지요. 이는 모두 전쟁에 필요한 물자를 생산하기 위함이었습니다. 더불어 국민 총동원령을 내렸습니다. 이는 한마디로 조선 사람과 물자 등 모든 것을 총동원해, 전쟁을

▲ 강제 징발된 생활 도구들
일본은 놋그릇, 솥단지는 물론 숟가락까지 징발해, 무기를 만들었다.

치르겠다는 것이었습니다. 일제는 젊은이들을 징병해 군대로 끌고 가고, 남자들을 징용해 광산과 군사 시설 공사장 등에서 살인적인 노동을 시켰습니다. 여성들도 근로정신대라는 이름으로 끌고 가 고된 일을 시켰지요. 심지어는 위안부로 끌려간 이들도 있었습니다. 물자도 마구잡이로 끌어 모으기 시작했습니다. 쌀과 같은 곡식을 군량미로 모으고, 배급제를 실시했습니다. 대포와 총알을 만들기 위해 솥과 숟가락까지 징발해 갔습니다. 그야말로 벼룩의 간까지 내먹을 기세로, 조선을 수탈해 갔지요.

더불어, 일제는 민족 말살 정책을 추진했습니다. 민족 말살 정책은 글자 그대로, 조선인이라는 민족을 세상에서 없애고자 하는 정책이었습니다. 조선인이 조선 땅에서 조선인으로서 살아가려 한다면, 일제의 지배를 거부하는 게 당연했습니다. 그런데 전쟁을 하는 와중에 조선 땅에서 폭동이라도 일어나면, 일제로서는 큰 문제였지요. 이 때문에 일제는 내선 일체라고 하여,

▲ 황국 신민 서사를 외우는 어린이들
황국 신민 서사는 '일본 왕에게 충성을 바친다'는 내용이었다.

▲ 창씨개명을 위해 줄을 선 조선인들
일본식으로 이름을 바꾸지 않은 이들은 학교도 갈 수 없었고, 배급도 받을 수 없었다. 이 때문에 많은 이들이 울며 겨자 먹기로 이름을 바꾸었는데, 어떤 이는 '이노우 코마소우(犬子熊孫)'로 바꾸었다고 한다. 이는 '단군의 손자가 개자식이 됐다'는 뜻이다.

일본과 조선은 하나라고 선전하기 시작했습니다. '신사 참배(일본의 고유한 의식으로, 일종의 국민의례)'와 '궁성 요배(일본 왕이 사는 곳을 향해 절하는 것)'를 강요하고, 학교에서는 아이들에게 황국 신민 서사를 외우도록 했습니다. 학교와 관공서 같은 데에서는 조선말을 쓸 수도 없었고, 조선의 역사조차 배울 수 없었습니다. 더 나아가 이름까지 일본식으로 바꿔야 했습니다. 이를 창씨개명이라고 하지요.

이러한 일제의 정책으로 식민지 조선은 암울하기만 했습니다. 해방이나 독립은 영영 잡을 수 없는 신기루라고 여기는 사람들도 많아졌지요. 하지만, 밤이 가면 낮이 오고 겨울이 가면 봄이 올 것을 믿듯이, 여전히 조선이 광복될 것임을 굳게 믿고 싸우는 이들이 있었습니다.

속담 한국사

두 번째 보따리
민족 문화 수호를 위한 노력

가만한 바람이 대목을 꺾는다

'가만하다'는 움직임이 약하고 조용하다는 뜻입니다.
따라서 가만한 바람이란 약하고 조용하게 부는 바람을 말하지요.
대목(大木)은 큰 나무라는 뜻이니까,
'가만한 바람이 대목을 꺾는다'라는 속담은
약하고 조용하게 부는 바람이 커다란 나무를 꺾는다는 뜻이에요.
즉, 작고 약하게 보이는 것이 큰일을 해낸다는 말이지요.
일제의 지배 아래서 우리 민족 문화를 지키기 위해 노력했던 이들은
마음속에서 수도 없이 이 속담을 되뇌었을지 몰라요.

사전 편찬은 독립운동이다

1942년 여름이었습니다. 한 무리의 여학생들이 기차에 올라탔습니다. 여학생들은 재잘재잘 떠들기 시작했지요.

"덥다, 더워! 정말 겁나게 덥다!"

"더우니까 여름인데, 뭘."

그런데 그때, 기차 좌석에 앉아 있던 사내가 보고 있던 신문을 휙 접었습니다. 그러고는 일본 말로 소리쳤지요.

"어디서 조선말을 뱉어 대는 것이냐!"

유리창이 깨질 듯, 쨍쨍한 목소리였습니다. 여학생들은 순간, 등골에 찬기가 훅 지나가는 것을 느꼈지요. 그때 기차가 멈추었습니다. 사내는 벌떡 일어나, 역시 일본 말로 지시했습니다.

"따라와!"

사내가 여학생들을 끌고 간 곳은 경찰서였습니다. 사내는 안정묵이라는 형사였지요. 아니, 야스다라는 일제의 앞잡이였습니다.

"박영옥! 너는 왜 공공장소에서 조선말을 쓴 거지? 누구의 사주를 받은 거냐?"

야스다의 위협적인 태도에 박영옥을 비롯한 여학생들은 금세 기가 죽었습니다. 그들은 경찰서에 갇히는 신세가 되고 말았지요. 그사이, 야스다는 박영옥의 집에서 그녀의 일기장을 가져왔습니다.

"허허! 이것 좀 보게. 이게 뭐야?"

야스다가 박영옥 앞에 일기장을 던졌습니다. 일기장에 '국어를 썼다가 선생님께 꾸지람을 들었다.'라는 내용이 쓰여 있었던 것입니다. 여기서 국어는 일본어를 말합니다. 박영옥이 다니는 함흥 영생 고등 여학교 선생님들은 학생들이 조선인으로서 조선의 말을 쓰고 조선의 정신을 갖도록 가르쳤던 것입니다.

"학교 선생들의 사상이 글러 먹었군! 내선(일본과 조선)이 일체가 되어, 대일본 제국의 승리를 도와야 하는 이 판국에, 국어를 썼다고 학생들을 혼내? 그런 선생들에게 배웠으니, 너희 머리에 뭐가 들었겠냐!"

야스다는 박영옥을 비롯한 여학생들을 마구 때리기 시작했습니다.

"말해! 너희들에게 불온사상을 심어 준 사람이 누구냐 말이다!"

야스다는 여학생들을 하나하나 고문하기 시작했습니다. 그리고 모든 여학생과 관련이 있어 보이는 한 선생의 이름을 알아냈지요. 순간, 야스다는 씩 웃었습니다.

"이거, 곧 승진하겠는데? 흐흐흐!"

그즈음, 정태진은 경성에 있었습니다. 원래 그는 함흥 영생 고등 여학교에서 조선어를 가르치던 선생님이었지요. 그러나 지금은 **조선어 학회** 회원으로서, 사전 편찬에 매달리고 있었습니다. 최초의 한글 사전인 《우리말 큰사전》을 펴내려고 한 것입니다.

"우리말은 우리 민족의 생명과 같은 걸세. 사전 편찬은 그 생명수가 될 게야!"

"그럼! 우리 힘이 비록 작고 보잘 것 없다고 해도……. 가만한 바람이 대목 꺾는다고 하지 않던가! 우리의 노력은 분명 우리말을 지키는 데 보탬이 될 걸세."

정태진을 비롯해 최현배, 이희승과 같은 한글 학자들은 《우리말 큰 사전》 편찬에 매달리고 있었습니다.

그런데 가을로 막 접어들 무렵이었습니다. 정태진은 영문도 모른 채,

함흥의 경찰서로 끌려가고 말았습니다.

"정태진, 네가 왜 여기 왔는지 알지?"

야스다였습니다. 야스다는 여학생들을 불온한 사상으로 물들인 주범이라며 정태진을 잡아 온 것이었습니다. 그러나 그는 다른 꿍꿍이가 있었습니다.

"네가 속해 있는 조선어 학회는 무슨 단체냐?"

정태진은 침착하게 말했습니다.

"조선말을 연구하는 학술 단체요."

야스다는 콧방귀를 뀌었습니다.

"학술 단체? 거짓말! 니들은 조선인들에게 불온한 사상을 퍼뜨리는 단체잖아! 박영옥 같은 애들이 그 증거지. 니들은 독립운동을 하는 불순분자들의 단체야!"

야스다는 정태진에게 가혹한 고문을 하기 시작했습니다. 살점을 바르고 뼈를 부러뜨리는 모진 고문을 통해 야스다는 정태진에게 조선어 학회가 독립운동 단체라는 자백을 억지로 받아 냈지요. 야스다는 활짝 웃었습니다.

"그럼 그렇지! 이건 중대 사건이야! 이극로, 이윤재, 최현배, 이희승……. 모두 잡아들여!"

그해 가을에서 이듬해인 1943년 봄까지, 일제는 《우리말 큰사전》을 편찬하고 있던 조선어 학회 회원들을 잡아들였습니다. 또한 이들이 연구에만 전념할 수 있도록 지원하던 이들도 잡아 가두었지요. 이렇게 잡혀 온 이들은 모두 서른세 명이었습니다.

야스다를 비롯한 일제의 경찰들은 물 만난 고기마냥 설쳐 댔습니다

"니들이 그까짓 사전 하나 내려고 모였을 리가 있나! 조선어 학회는 독립운동 단체지?"

일제의 경찰들은 날마다 불에 달군 쇠꼬챙이로 학자들의 살과 뼈를 지졌습니다. 채찍과 몽둥이 소리가 학자들의 숨소리마저 덮어 버렸지요. 조선어 학회 회원들은 곧 함흥 형무소에 수감되었습니다. 그러나 그 해 겨울을 넘기지 못하고, 이윤재가 숨을 거두었습니다. 봄이 되자, 한징이 눈을 감았지요. 모진 고문과 혹독한 감옥 생활을 견뎌 내지 못한 것입니다.

1944년 12월, 드디어 함흥 재판소에서 재판이 시작되었습니다. 그러나 그 결과는 뻔한 것이었습니다.

"고유 언어는 민족 의식을 양성하는 것이므로 조선어 학회의 사전 편찬은 조선 민족 정신을 유지하는 민족 운동의 형태다……"

이렇게 말하며, 재판관은 이들에게 나라를 크게 어지럽혔다며 '내란죄'를 적용했습니다. 결국 이들 대부분은 다시 감옥에 갇히고 말았습니다.

조선의 정신을 지키기 위한 노력

1942년 일어난 이 사건으로 조선어 학회는 해체되었습니다. 일제에 의해 강제로 해산된 것이지요. 이를 조선어 학회 사건이라고 합니다.

조선어 학회는 1921년 '조선어 연구회'로 출발한 단체였습니다. 그러다 1931년 '조선어 학회'로 이름을 바꾸었는데, 이 단체를 이끌었던 이들은 대부분 주시경의 제자들이었습니다. 주시경은 우리말과 글을 연구한 언어학자였지요. 오늘날 우리가 쓰는 한글의 체계를 정립한 것은 물론 '한글'이라는 낱말 자체를 만든 주인공이랍니다. 그는 1914년 37세의 나이로 숨을 거둘 때까지, 수많은 제자들을 길렀습니다. 그 제자들이 스승의 뒤를 이어, 우리말과 글의 체계를 완성해 나가고 더 많은 사람들에게 한글을 보급하기 위해 '조선어 학회'를 만든 것이지요. 그래서 이들은 현재 한글날의 전신인 '가갸날'을 제정했습니다. 각지를 돌아다니며 우리말과 글을 널리 알리는 강습회도 열었고요. 한글 맞춤법 통일안과 표준어를 제정한 것도 이들의 중요한 사업이었습니다. 그리고 더 나아가 《우리말 큰사전》을 편찬하려 했습니다. 그러나 함흥에서의 사건을 빌미 삼아 일제가 일으킨 '조선어 학회 사건'으로, 사전 편찬은 끝내 마무리될 수 없었습니다.

이처럼 일제의 통치 아래서는 우리말 사전을 편찬하는 것도 마음대로 할 수 없었습니다. 더 나아가 일제는 우리 겨레의 말과 글은 물론 정신까지 빼앗으려고 들었지요. 이를 위해 우리 역사를 왜곡하기 시작했습니다.

일제는 1920년대부터 조선사 편수회와 청구 학회 같은 역사 단체를 만들었습니다. 이 단체들은 조선이 대륙 세력과 해양 세력 사이에 끼어 제대로 된 역사를 이뤄 본 적이 없다고 주장했습니다. 또 조선 시대 당파 싸움을 예로 들며, 조선 사람은 셋만 모이면 싸우기를 일삼는 민족성을 가지고 있다고 했지요. 더 나아가, 조선의 역사는 고대부터 지금까지 발전하지 못한 정체된 역사라고 가르쳤습니다. 보통의 나라들은 원시 사회에서 고대, 중세, 근대로 발전했는데, 조선은 예나 지금이나 농사를 짓고 사는 수준에 계속 머무르고 있다는 것이었습니다. 이러한 주장들은 모두 조선 사람들에게 열등감과 패배감을 심어 주기 위해 만든 것이었습니다. 이러한 역사관을 '식민 사관'이라고 합니다.

그러자 올곧은 역사학자들이 나섰습니다. **신채호**는 역사는 '아(我)와 비아(非我)'의 투쟁이라고 주장했습니다. 아(我)란, 한자로 나를 뜻하는 말입니다. 비아(非我)는 내가 아님, 즉 남을 뜻하겠지요? 신채호의 이 주장은 자신을 중심으로 역사를 보라는 말이었습니다. 즉, 조선인으로서 조선인의 주체성을 가지고 역사를 보라는 것이지요. 우리 역사는 조선인들과 조선인이 아닌 이들의 투쟁을 통해 우리 스스로 이루어 낸 것임을 강조하며, 앞으로도 조선의 역사는 조선인과 조선인이 아닌 이들의 투쟁을 통해 만들어 가야 함을 주장한 것입니다. **박은식**은 나라가 망해도 그 민족의 '혼'은 사라지지 않음을 강조했고, **정인보**는 조선의 '얼'을 강조하며 조선의 고유한 역사와 전통을 연구하는 **조선학 운동**을 이끌었습니다. 또한 **백남운**은 조선의 역사 역시, 다른 나라들과 다름없이 발전해 왔음을 밝히며 식민 사관에 맞섰습니다.

◀ 나철과 대종교

기독교, 불교, 천도교, 원불교 등 종교인들도 '신사 참배 거부 운동', '제2차 3·1 운동 계획' 등 조선의 독립을 위해 노력했다.
그 가운데 대종교의 활동이 두드러졌다. 신채호, 박은식과 같은 역사학자, 주시경과 같은 한글 학자 등도 대종교에 영향을 받아 활동했고, 만주에 독립운동 기지를 만든 이회영, 청산리 전투를 이끈 김좌진을 비롯한 만주에서 활동한 많은 독립운동가들이 대종교인이었다고 한다. 대종교는 단군을 섬기는 종교로, 1909년 나철이 창시했다.

◀ **나운규와 문화 예술**
나운규는 '아리랑'이라는 영화를 통해 식민지 조선의 현실과 조선인들의 슬픔을 표현해 내어 큰 인기를 끌었다. 가수 윤심덕, 무용수 최승희 등도 문화 예술인으로 인기를 누린 이들이었다. 우리 겨레의 정서를 담아 낸 '반달', '고향 생각'과 같은 동요들도 많은 이들의 마음을 달래 주었다.

    일제는 역사를 지키기 위한 운동도 가만두지 않았습니다. 특히나 민족 말살 정책을 추진하기 시작한 1930년대에 들어서는 이런 모든 운동을 공공연하게 탄압했지요. 하지만 우리말과 글, 역사를 지키기 위한 운동은 계속되었습니다. 그것이 비록 '가만한 바람'일 뿐이라도, 언젠가는 '대목'을 꺾는다는 굳은 믿음이 있었기 때문입니다.

친일 문학과 저항 문학

일제 시대에도 많은 시인과 소설가들이 활동했습니다. 이들 가운데는 자신의 작품을 통해 식민지 조선의 아픔을 노래하고, 일제의 만행을 고발하는 이들도 있었습니다.

《님의 침묵(1926년)》을 발표한 한용운은 시를 통해 조국에 대한 사랑을 노래했습니다. 심훈은 농촌 계몽을 위해 노력하는 이들의 삶을 다룬 《상록수(1936년)》라는 소설을 발표했지요. 이러한 문학을 저항 문학이라고 합니다.

그러나 일제가 저항 문학을 가만히 보고만 있을 리 없었습니다. 철저한 검열로 제 구미에 맞지 않는 작품들은 신문이나 잡지에 싣지 못하게 하거나, 아예 작가들을 잡아들이기도 했습니다. 한편 1930년대 민족 말살 정책과 국민 총동원령을 시행하면서는 문학을 적극적으로 이용하려 했습니다.

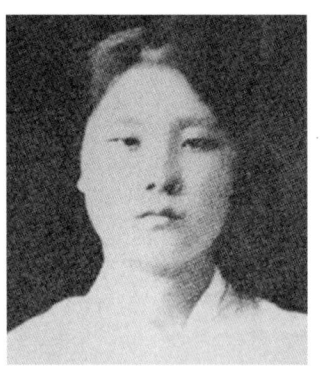

◀ 《상록수》의 모델, 최용신
1920년 조선에 '브나로드' 운동이 시작되었다. '브나로드'란 러시아어로 '민중 속으로'라는 뜻을 가진 '농촌 계몽 운동'이다.
《상록수》는 농촌 계몽 운동가 최용신을 모델로 하여 쓰인 소설이다. 최용신은 1929년부터 농촌 계몽 운동을 벌여 큰 성과를 거두었다. 그러나 26세의 젊은 나이에, 과로로 숨을 거두고 말았다.

특히나 1937년 중일 전쟁을 일으킨 이후, 일제의 정책을 홍보하고 찬양하는 데 작가들을 동원했지요. 작가들 가운데에는 자신의 출세를 위해, 일제에 적극적으로 협력한 이들도 있었습니다. 그런 이들은 '나라를 위해 전장에 나감이 소원'이라며, 젊은이들에게 일제가 일으킨 전쟁에 나가라고 부추기는 작품들을 썼습니다. 이러한 작품을 **친일 문학**이라고 하지요.

▲ 〈서시〉를 쓴 윤동주
'죽는 날까지 하늘을 우러러 한 점 부끄럼이 없기를……'로 시작하는 〈서시〉는 우리나라 사람들이 가장 좋아하는 시 가운데 하나이다. 이 시를 쓴 윤동주는 일본에서 유학 중 독립운동 혐의로 후쿠오카 형무소에 갇혔고, 1945년 2월 16일, 그곳에서 숨을 거두고 말았다. 광복을 6개월 남겨 둔 때였다.

1930년대, 일제는 그야말로 '욱일승천'의 기세였습니다. 만주 사변에 이어 중일 전쟁을 일으킨 것도 모자라, 태평양 전쟁까지 전쟁을 전 세계로 확전시켰지요. 그 전쟁에서 일본은 승승장구하는 것처럼 보였습니다. 그러한 상황에서, 일제로부터 조선이 독립하는 것은 불가능해 보였을지도 모릅니다. 그래서 작가들뿐만 아니라, 많은 분야에서 친일 행동을 하는 이들이 많았습니다.

그러나 그러한 암흑과 같은 시기에도 조국의 독립을 위해 '가만한 바람'이라도 되려는 이들의 노력은 끊이지 않았습니다. 윤동주와 같은 시인은 '나한테 주어진 길을 걸어가야겠다'라고 다짐하며, 조국의 독립을 소망했지요. 그리고 그러한 소망은 곧 현실이 되었습니다.

세 번째 보따리
광복과 정부 수립을 위한 노력

하늘도 끝 갈 날이 있다

하늘을 올려다보세요.
그 끝이 어디일지 도무지 짐작할 수가 없어요.
그런데 정말로 그 끝이 없을까요?
옛날 사람들은 그 끝을 따라가고 또 따라가다 보면
언젠가는 끝이 나올 거라고 생각했어요.
그래서 '하늘도 끝 갈 날이 있다'라는 속담은
모든 것에는 그 끝이 있다는 뜻으로 쓰여요.
일제의 조선 지배도 마찬가지였겠지요?
드디어, 일제가 패망하고 조선이 광복하는 날이 왔으니까요.

다가오는 광복

"우리 부대에 온 것을 환영한다!"

일본군 장교의 말투는 정중했지만, 눈빛은 날카로웠습니다. 장교는 그 눈빛 그대로 새로 전입 온 신병들을 둘러보았습니다.

신병들은 대부분이 조선인이었습니다. 학교에 다니다 강제로 징집된 학도병들이었지요. 학도병들은 바짝 긴장한 채, 장교의 말에 귀를 기울였습니다.

"우리 쓰카다 부대의 자랑은 단 한 명도 탈영한 사람이 없다는 것이다."

장교는 이렇게 말하며, 천천히 일본도를 빼들었습니다. 햇빛에 칼날이 번뜩였습니다. 장교는 학도병들에게 칼을 겨누며 말을 이었습니다.

"이 칼의 맛을 보고 싶은 놈은 얼마든지 탈영해도 좋다. 탈영하려는 자의 목을 단칼에 베어 버릴 테니. 그리고 그 목을 대나무에 꽂아 본보기로 삼아 주지."

쓰카다 부대는 군기가 세고 경비가 삼엄하기로 이름난 곳이었지요. 학도병들은 기가 눌린 듯, 눈을 내리깔았습니다. 그러나 그 가운데 어금니를 악무는 이가 있었습니다. 바로 장준하였습니다.

'쉽지 않겠어. 하지만…… 분명 길이 있을 거야.'

장준하는 자원 입대한 학도병이었습니다. 그리고 간부들이 신뢰하는 '모범 학도병'이었습니다. 그러나 장준하는 철저하게 일제에 맞서고자 하는 사람이었습니다.

'일본군이 되면 중국으로 가게 될 것이다. 그러면 탈영해 임시 정부를 찾아가자. 그리고 일본 놈들과 싸우다 죽자.'

1943년 태평양 전쟁을 일으킨 일본은 조선 학생들을 전쟁터로 내몰았습니다. 그런 상황에서 장준하 역시 일본군에 끌려가는 건 시간문제일 뿐이었지요. 그래서 장준하는 일부러 자원 입대를 하고 모범적인 학도병으로 생활했습니다. 아무도 그가 탈영을 하리라고는 상상조차 하지 못하도록, 철저히 가면을 쓴 것이지요. 그 덕에 일본군 간부들은 장준하를 '황은에 감동하여 군대에 자원 입대한 모범 학도병'이라고 여겼습니다.

쓰카다 부대로 전입을 온 뒤에도, 장준하는 모범 학도병으로 생활했습니다. 일부러 일본인 간부들과 친하게 지내며, 부대 주변에 대한 정보를 모으기 시작했습니다. 그러면서 한편으로는 뜻을 같이하는 동지들을 찾았습니다. 김영록, 윤경빈, 홍석훈이 장준하와 뜻을 같이하기로 했습니다. 장준하는 곧 동지들과 탈영 계획을 세우기 시작했습니다.

1944년 7월 7일이었습니다. 이날은 일본이 중국을 침략해 벌어진 중일 전쟁이 7년째 되는 날이었어요. 군대에서도 이를 기념해 잔치가 벌어졌지요.

"제군들! 천황 폐하의 은혜에 감사하고, 만수무강을 빌며 축배를 들어라!"

군사들은 일본 왕이 보내 준 술을 받아 마셨습니다. 고된 훈련에 지쳤던 이들은 술 앞에서 금세 흐트러졌지요. 긴장되어 있던 마음도 풀어졌습니다. 결국 대다수의 군사들이 술에 취해 잠들고 말았습니다. 이를 본 일본군 간부는 취하지 않은 몇몇에게 선심 쓰듯 말했습니다.

"너희들이야말로 참다운 군인이구나! 좋다! 날도 더우니, 너희들은 목욕을 하고 와서 취침해라. 15분 주겠다!"

순간, 장준하와 동지들의 눈이 빛났습니다.

'지금이다!'

모두의 눈빛이 그렇게 말하고 있었지요. 그들은 다른 이들처럼, 목욕 대야를 들고 밖으로 나왔습니다. 그러나 그들은 곧 사방의 어둠 속으로 사라졌습니다. 얼마 뒤 철조망을 넘는 데 성공했지요.

그들은 낮에는 논밭에 숨어 지냈습니다. 여름 땡볕에 달아오른 논밭은 찜통과 다름없었지만, 죽은 듯 그 안에 누워 있었습니다. 한번은 추격대가 그들이 누워 있는 조밭을 샅샅이 뒤지며 다가왔습니다. 이젠 죽었구나 싶어 눈을 질끈 감았을 때, 아슬아슬하게 바로 옆을 스쳐 지나갔습니다. 또 강물이 앞을 가로막기도 했지요. 하늘이 도왔을까, 나룻배를 몰던 사공이 그들을 구해 주었습니다. 그 뒤 그들은 걷고 또 걸어, 마침내 일본군의 손아귀에서 벗어났습니다.

임시 정부는 당시 충칭에 있었습니다. 충칭까지의 길은 장장 6천 리의 대장정이었고, 한겨울에 3천 미터 높이의 산을 넘어야 하는 고난의 행군이었습니다. 죽을 만큼 힘들었습니다. 그러나 견딜 수 있었습니다. 충칭으로 가는 길에 많은 동지들이 생겼기 때문입니다. 대부분이 장준하처럼 학도병으로 끌려왔다 탈영하여, 독립운동에 목숨을 바치려는 이들이었지요. 그 수가 50여 명이 되었습니다. 그들은 서로를 의지하며, 기어이 임시 정부를 찾아갔습니다. 그때가 이듬해인 1945년 1월이었습니다.

당시 임시 정부 산하에는 **한국 광복군**이 있었습니다. 그 수는 몇 백 명밖에 안 되었지만, 나라를 찾겠다는 의지만은 드높았습니다. 장준하 일행은 한국 광복군의 일원이 되었습니다.

"하늘도 끝 갈 날이 있다고 하는데, 일본 놈들의 세상이 어찌 끝이 없겠나!"

"그래! 우리가 싸워서 못 이기면 우리 자식이 싸우면 되고, 그래도 못 이기면 그 자식들이 싸우면 되는 거 아닌가?"

독자적인 전투는 아니었지만, 한국 광복군은 연합군의 일원으로 일본군과 맞서 싸웠습니다. 그런데 그즈음, 임시 정부를 이끄는 김구는 한국 광복군에 대한 새로운 계획을 세우고 있었습니다.

"연합군이 일본 본토에 상륙할 계획을 세운다고 합니다. 그러면 분명 조선 땅에도 들어갈 것입니다. 이때 우리 한국 광복군도 반드시 함께 들어가야 합니다. 그래야 독립이 되었을 때, 우리가 당당하게 우리의 요구를 할 수 있을 게 아닙니까?"

김구는 한국 광복군 가운데 날쌔고 용맹한 요원을 선발해서, 미국의 군사 기관에서 훈련시키려 했습니다. 그들은 연합군의 작전이 시작되면, 미리 조선 땅에 잠입해 일본군을 교란하는 임무를 맡을 것이었습니다. 자신의 목숨을 버림으로써 아군이 나갈 길을 열어 주는, 일종의 특공대였지요.

이 소식을 들은 장준하와 동지들은 당장 김구에게 달려갔습니다.

"저를 보내 주십시오!"

"저도 가겠습니다."

그들을 바라보며, 김구는 입술을 깨물었습니다. 그날은 4월 29일, 10여 년 전 윤봉길을 훙커우 공원으로 보낸 날이었습니다. 그날처럼 또다시 젊은이들을 죽음의 길로 보낸다는 생각에, 김구는 목 놓아 울고 싶었습니다.

그러나 장준하를 비롯한 동지들은 함빡 웃었습니다.

"연합군이 이런 준비를 하는 걸 보면, 일본은 곧 패망할 게 분명해!"

"맞아! 우리가 가장 먼저 조선으로 들어가, 일본 놈들을 우리 땅에서 몰아내자고!"

그들은 곧 광복이 올 것이라 확신하며, 지옥 같은 훈련에 돌입했습니다.

한국 광복군과 1945년 8월 15일

장준하를 비롯한 한국 광복군들은 이처럼 일본과 맞서 싸울 날을 기다렸습니다. 비록 목숨을 잃을지라도, 조선의 독립에 조선인이 기여했음을 전 세계에 보여 주려 했던 거지요. 그래야 떳떳하게, 다른 나라의 간섭을 받거나 눈치를 보지 않고, 독립을 요구할 수 있을 테니까요.

한국 광복군이 한창 훈련에 열중하던 7월 26일, 미국의 대통령 트루먼과 영국의 수상 처칠, 소련의 스탈린 등이 독일 포츠담에 모였습니다. 유럽에서 전쟁이 마무리되자, 전쟁을 일으킨 독일 등에 대한 처리를 논의하고 일본에 대해 항복을 요구하기 위함이었지요. 이를 **포츠담 회담**이라고 합니다. 그러나 일본은 연합군의 항복 요구를 묵살했습니다.

일본이 전쟁에서 패망하는 것은 시간문제였지만, 당분간 전쟁은 계속될 것처럼 보였지요. 그러나 아시아에서 일본과 싸우고 있던 미국은 하루라도 빨리 전쟁을 끝내고 싶었습니다. 미국은 중대 결정을 내렸습니다.

1945년 8월 6일, 미국의 폭격기가 일본 본토로 향했습니다. 그리고 히로시마에 원자 폭탄을 투하했지요. 원자 폭탄은 당시 인류가 상상할

▲ **장준하와 한국 독립군**
조선으로 출격을 준비하던 1945년 8월, 장준하와 그 동지들의 모습이다. 왼쪽부터 노능서, 김준엽, 장준하.

수 있는 것 이상으로 참혹한 결과를 낳았습니다.

일본은 당황했습니다. 3일 뒤인 8월 9일, 미국은 다시 나가사키에 원자 폭탄을 떨어뜨렸습니다. 이제 일본은 공포에 휩싸였습니다. 일본

47

열도가 불바다가 되고 먼지가 되어 날아갈 수도 있다는 두려움에 떨게 된 거예요.

  8월 10일, 일본 왕은 포츠담 회담의 결과를 받아들이겠다고 발표했습니다. 즉 연합군에 항복하겠다는 것이었지요. 그 뒤 일본 왕은 몇 번 항복을 번복했지만, 결국 8월 15일, 연합군에 항복했습니다.

  그 소식은 곧 임시 정부에도 전해졌지요. 사람들은 기뻤습니다. 그러나 그 누구도 함빡 웃지는 못했습니다. 장준하를 비롯한 한국 광복군들 역시 마찬가지였습니다. 일본의 항복은 분명 기다리고 기다리던 소식이었지만, 마냥 기뻐할 수만은 없었습니다. 한국 광복군으로서 조선으로 진격해 일본과 직접 싸워 보지 못한 것이 아쉽고, 그 결과 일본의 항복에 기여를 했다고 큰소리를 칠 수 없는 상황이 된 것이 찜찜했기 때문입니다.

건국 준비 위원회와 8월 15일

 1945년 8월 15일, 조선에서는 일본 왕이 중대 발표를 할 거라는 소문이 파다했습니다. 그래서 많은 사람들이 라디오에 귀를 기울이고 있었지요. 그러나 그 중대 발표의 내용이 무엇인지, 짐작하는 이들은 거의 없었습니다. 정오에, 일본 왕의 목소리가 라디오를 통해 흘러나왔지만, 도대체 무슨 말인지 알 수가 없었습니다. 일본 왕의 말은 포츠담 회담의 내용을 받아들이겠다는 것이었는데, 포츠담 회담의 내용이 무엇인지 아는 이들이 거의 없었습니다. 그러나 사람들은, 뭔가 커다란 일이 일어났다는 것만은 알아차렸습니다. 확실히, 조선의 공기가 달라진 느낌이었습니다.
 그사이 발 빠르게 움직이는 이들이 있었습니다. 건국 동맹 사람들이었습니다. 건국 동맹은 1944년, 여운형이 중심이 되어 만든 비밀 조직이었습니다. 하늘도 끝 갈 날이 있다고 했는데, 일제가 끝이 없을 수 없었습니다. 건국 동맹은 그 끝을 준비하기 위해 만든 조직이었습니다. 일제가 물러나게 되면 당장 행정과 치안 등 국민의 생활과 안전을 담당하는 기관들이 사라져 무정부 상태가 될 것이 분명했습니다. 이때를 대비한 조직이 필요했지요. 더 나아가 독립된 나라를 세우기 위한 체계도 있어야 했습니다. 1945년 새해 벽두부터 일제의 검속에 많은 동지들이 끌려갔지만, 건국 동맹은 은밀하게 광복에 대비하고 있었습니다.
 그런데 1945년 8월 15일, 드디어 일제가 항복을 한 것이었습니다. 건국

▲ **시민들에게 둘러싸인 여운형**
건국 준비 위원회는 곧 강령(단체나 조직의 기본 입장이나 방침)을 발표하고 앞으로의 활동 방향을 제시했다. 그 주요 내용은 '완전한 독립 국가 건설', '민주주의 정권 수립', '질서 유지'로 요약할 수 있다.

동맹은 바로 건국 준비 위원회로 개편했습니다. 그리고 다음 날 새벽, 서대문 형무소로 향했습니다. 일제에 맞서 싸우다 옥에 갇힌 이들을 먼저 풀어 주는 것, 그것이 가장 먼저 해야 할 일이라고 여겼던 것입니다. 서대문 형무소에서 풀려난 독립운동가들은 얼싸안고 소리쳤습니다. "대한 독립 만세!"라고 말입니다.

  사람들은 그제야 조선이 해방되었음을 깨달았습니다. 일제가 패망한 것을 온몸으로 느낄 수 있었지요. 드디어 여기저기서, '대한', '독립', '만세'와 같은 단어들이 터져 나오기 시작했습니다. 몰래 숨어 활동하던 이들도 속속 그 모습을 드러내기 시작했습니다. 사람들의 얼굴은 기쁨으로 빛났습니다. 이제 우리나라를, 독립된 조국을 세울 수 있다는 생각에 가슴이 부풀었습니다.

그러나 얼떨떨하기도 했습니다. 생각지 못한 상황에서 광복이 찾아왔기 때문입니다. 그래서 누군가는 이렇게 말했답니다. "광복은 마치 도둑처럼 찾아왔다."라고.

▲ 1945년 8월 16일 서대문 형무소에서 풀려난 독립운동가들과 그들을 환영하는 시민들

8월 15일 당일에는, 대부분이 얼떨떨한 표정이었다. 광복이 되었다는 사실이 믿기지 않았기 때문이다. 그러나 이튿날, 서대문 형무소가 활짝 열리고, 독립운동가들이 나오는 것을 보면서, 사람들은 광복을 체감할 수 있었다.

네 번째 보따리
미소 군정과 분단

마른하늘에 날벼락

마른하늘이란, 맑게 갠 하늘을 말해요.
눈이나 비가 올 낌새가 전혀 없는,
벼락이 칠 거라고는 절대 예상할 수 없는 날씨인 거죠.
그런데 이런 마른하늘에 벼락이 칠 수도 있어요.
아주 보기 드문 경우지요.
그런 벼락을 날벼락이라고 해요.
그래서 이 속담은
뜻하지 않게 당하게 된 큰 재난을 비유적으로 표현해요.
광복 직후, 우리 겨레는 수없이
마른하늘에 날벼락과 같은 일을 겪어야 했어요.

소련 때문에 미국이 제안한 38선

1945년 8월 7일 밤, 미군의 전쟁 전략을 책임지는 전략 정책단에 반가운 소식이 날아들었습니다.

"소련이 드디어 일본에게 선전 포고를 했답니다!"

부하의 보고에 전략 정책 단장 린컨 준장의 얼굴이 환하게 밝아졌습니다.

"반가운 소식이군!"

그동안 미국은 소련에게 일본과의 전쟁에 참전해 달라고 수차례 요청했었습니다. 독일의 항복으로 유럽에서의 전쟁이 끝난 마당에, 이제 남은 것은 아시아의 일본뿐이었지요. 미국은 일본과 싸우는 짐을 소련과 나누어 지고 싶었던 것입니다. 그러나 소련은 그동안 미적미적거리며 뜸만 들이고 있었는데, 드디어 참전을 했다는 것입니다.

"정말 약삭빠른 놈들입니다."

"그렇습니다. 전쟁이 곧 끝날 거란 걸 눈치채고 서둘러 참전한 것입니다."

부하들의 말에 린컨이 고개를 끄덕였습니다. 소련이 참전한 것은 히로시마와 나가사키에 떨어진 원자 폭탄 때문이란 걸, 린컨도 알고 있었습니다. 원자 폭탄의 위력을 본 소련은 일본이 곧 항복하리란 것을 예상하고, 일본에 선전 포고를 한 것이지요. 그러나 린컨은 당연하다는 듯 말했습니다.

"전리품을 차지하려면 공을 세워야 하는 게 아닌가? 스탈린(당시 소련의 지도자)이 그걸 알고 있는 거지."

"그건 맞습니다. 하지만 소련이 참여한 이상, 동아시아에서도 공산주의 세력을 확장하려 들 게 아닙니까?"

부하들이 걱정스레 말했습니다. 유럽에서 독일과 싸우던 소련은 지금의 헝가리, 루마니아와 같은 동유럽 여러 나라에 세력을 확장하기 위해 애쓰고 있었습니다. 그곳에 자신들과 같은 공산주의 정권을 세우려고 했던 것입니다. 그러니 일본과 싸우면서, 일본이 점령했던 곳에 공산주의 정권을 세우려 할 것은 당연했지요.

"물론 그렇겠지."

린컨은 고개를 끄덕이며 말을 이었습니다.

"하지만 우리 혼자 일본을 상대하자면 전쟁은 더 오래갈 수밖에 없지 않겠나? 그러면 그만큼 우리의 손실도 커질 테고. 소련이 참전했을 때와 그렇지 않았을 때 우리가 얻고 잃을 것을 따지면, 소련이 참전하는 쪽이 더 이익이라네."

모두가 고개를 끄덕이는 가운데, 한 사람이 물었습니다.

"그래도, 뭔가 확실한 대가를 바랄 겁니다."

린컨은 간단하게 대답했습니다.

"우리도 만주 정도를 내줄 생각은 하고 있네."

그제야 부하들 모두가 수긍하는 표정이었습니다. 소련이 일본과 싸우려면 북쪽에서부터 내려와야 했습니다. 그러자면 만주를 거쳐야 하는데, 만주에는 일본의 관동군이 있었지요. 관동군은 일본의 주력 부대 가운데 하나였습니다. 소련이 그 주력 부대를 무장 해제시켜 준다면, 미국으로서는 만주를 내줘도 그리 손해는 아니라고 여겼던 것입니다.

"이제 곧, 이 지긋지긋한 전쟁도 완전히 끝나겠군!"

린컨은 이렇게 말하며, 웃는 얼굴로 퇴근했습니다.

그러나 나흘 뒤인 8월 11일 새벽, 전략 정책단은 발칵 뒤집혔습니다.

"소련군이 어디까지 내려왔다고?"

린컨의 말에, 부하들이 지도의 한 지점을 가리켰습니다.

"조선의 함흥까지 밀고 내려왔답니다!"

소련군이 이렇게 빨리 남하하다니, 마른하늘에 날벼락과 같은 말이었습니다.

"관동군이 소련에게 순순히 항복했던 모양입니다."

"우리 미국의 영향력이 커지는 걸 막기 위해, 일본이 잔꾀를 쓴 게 틀림없습니다."

일리 있는 말이었습니다. 이제 항복밖에 남은 것이 없는 일본이 할 수 있는 일은, 미국의 힘이 제 나라에 최대한 적게 미치게 하는 것이었습니다. 그러자면 미국이 소련을 막는 데 힘을 쏟게 하는 것만큼 좋은 전략은 없었지요.

그때, 백악관(미국 대통령이 집무를 보는 공관)에서 연락이 왔습니다.

"조선을 소련에게 넘겨서는 절대 안 된다. 그러니, 전략을 강구해라. 조선 땅 전체를 손에 넣지 못해도 좋다. 조선의 서울을 우리 수중에 두는 선으로, 소련이 남쪽으로 내려오는 것을 최대한 막아야 한다!"

린컨은 곧 부하들과 전략 회의를 열었습니다. 그들은 조선의 지도를 놓고, 열띤 토론을 벌였습니다.

"함흥에서 서울까지 내려오는 데는 며칠 걸리지 않을 겁니다."

"안 돼! 절대로 소련이 서울을 차지하게 둘 순 없네."

"그렇다면 먼저 소련에게 제안을 하는 편이 어떻습니까? 차라리 조선을 반으로 나눠, 우리 미국과 소련이 일본군에게 항복을 받자고 제안하는 겁니다."

린컨은 생각에 잠겼습니다. 그렇게 된다면, 조선 북쪽에 대한 소련의 점령을 인정해 주는 꼴이 될 것이었습니다. 하지만, 서울은 미국의

수중에 들어올 수 있었지요. 소련 입장에서도 나쁘지 않을 것 같았습니다. 소련도 만주 정도만 손에 넣을 수 있으리라 여겼을 터인데, 그보다 더 남쪽까지 내려오는 것을 미국이 인정해 주는 꼴이었으니까요.

"괜찮은 제안이야. 그럼, 어디가 기준이면 되겠나?"

한 부하가 말했습니다.

"북위 38도선 정도면 적당할 듯합니다."

린컨은 지도 위, 38도선에 줄을 그었습니다. 나쁘지 않아 보였습니다.

"좋아! 이렇게 백악관에 보고하겠네."

조선이 맞은 두 번의 날벼락

1945년 8월 15일, 일본 왕이 항복을 선언한 날, 연합군 최고 사령부의 일반 명령 1호도 발표되었습니다. 그 내용은 '위도 38도 선 이남은 미국이, 이북은 소련이 일본군의 항복을 받아 낸다'는 것이었습니다. 38도 선은 이렇게, 우리 역사에 등장했습니다. 미국 전략 정책단의 제안이 미국은 물론 소련에도 받아들여진 것입니다.

광복의 기쁨에 들떠 있던 우리 겨레에게 마른하늘에 날벼락도, 그런 날벼락이 없었습니다. 연합군 최고 사령부는 서울의 조선 총독부에 자신들이 상륙할 때까지 질서를 유지하라고 명령했지요. 건국 준비 위원회에게 권력을 넘기려던 조선 총독부는 다시 권력을 움켜쥐었습니다. 8월 27일부터는 조선을 남북으로 연결해 주던 모든 도로에 **38선**이라는 말뚝이 박히기 시작했습니다. 그리고 그곳에는 함부로 넘나들 수 없도록 차단기가 설치되었지요. 서울과 평양, 서울과 원산을 잇던 열차의 운행도 중단되었습니다. 38선이 정말로, 조선을 남과 북으로 가르기 시작한 것입니다.

그리고 곧 서울에는 미군이, 평양에는 소련군이 각각 진주했습니다. 그들은 군정(군사 정부)을 세우고, 38선 이남과 이북을 각각 통치했지요.

미군정은 건국 준비 위원회를 인정하지 않았습니다. 미군을 환영 나온 여운형을 만나 주지조차 않았고, 조선인들의 환영식도 거부했습니다.

▲한반도에 들어온 미군
한반도를 점령하려 했던 미군은 서울을 빼앗길 수 없다고 판단하고, 38선 남쪽을 통치하기로 했다.

소련 군정은 이보다는 조금 나았습니다. 평양에서 열린 대대적인 환영식에 참석해 '조선 해방 만세!'를 외친 것입니다. 그러나 그들은 그때, 한 사람을 알리는 데 힘썼습니다. 김일성이라는 서른세 살의 젊은이였습니다. 이로써, 김일성이 우리 역사 전면에 등장했습니다.

그즈음, 해외에서 활동하던 독립운동가들은 발을 동동 구르고 있었습니다. 미군정은 임시 정부, 한국 광복군과 같은 독립운동 단체들이 귀국하는 것을 허락하지 않았습니다. 소련 군정 역시 중국 공산당과 함께 만주에서 일본군과 싸웠던 조선 의용군이 압록강을 건너 들어오려는 것을 막았습니다. 미국도 소련도, 조선의 독립운동가들이 단체로 귀국하는 것을 원치 않았기 때문입니다. 독립운동가들이 단체로 자신들에게 맞설 것을 염려했기 때문이지요. 그래서 임시 정부의 김구도, 한국 광복군의 장준하도, 그리고 1천여 명의 조선 의용군을 이끌었던 사령관 무정도 모두 그저 한 사람의 '개인'으로, 조국으로 돌아와야 했습니다.

그러나 이들은 다시 독립된 조국, 하나된 조국을 건설하기 위해 노력하기 시작했습니다. 그런데 생각이 하나로 모아지지 않았습니다. 소련의 영향 아래에 있는 북한에서는 조선에 소련과 같은 사회주의 정부가 서기를 바라는 이들이 많았습니다. 소련은 김일성을 지원해, 사람들이 김일성을 따르도록 유도했지요. 북한에서 김일성의 인기가 날로 높아졌습니다. 미국의 영향 아래에 있던 남한에도 사회주의자들이 있었습니다. 이러한 사회주의자들을 보통 '좌익'이라고 합니다. 하지만 그와 정반대로, 조선에는 미국과 같은 자본주의를 표방하는 정부가 서야 한다고 생각하는 이들도 있었습니다. 이들을 보통 '우익'이라고 하지요.

그러던 1945년 12월, 모스크바에서 미국과 소련, 영국의 대표들이 모여 제2차 세계 대전 이후의 상황을 논의하기 위한 회담(모스크바 삼상 회의)을 열었습니다. 그들은 '조선에 임시 정부를 세우고 그 임시 정부와 **신탁 통치**에 대해 논의한다. 신탁 통치의 기간은 최대 5년으로 하

고, 이를 돕기 위해 **미소 공동 위원회**를 구성한다'고 결정했습니다. 신탁 통치란, 스스로 나라를 유지할 능력이 없는 민족 등을 강대국이나 유엔 등의 국제 기구가 대신 다스리는 것을 말합니다.

　이 소식은 곧 조선에도 전해졌지요. 그런데 앞뒤가 다 빠진 채, '조선을 신탁 통치 한다'는 것만 전해졌습니다. 광복의 기쁨과 우리 스스로 나라를 이끌어 나갈 꿈에 부풀었던 우리 겨레에게, 그것은 그야말로 마른하늘의 날벼락처럼 들렸습니다. '신탁 통치를 한다'는 것은 다시 식민지가 되라는 말로 들렸기 때문입니다. 이 때문에 **신탁 통치 반대 운동**이 거세게 일어났습니다.

그런데 모스크바 삼상 회의의 결정이 제대로 알려지기 시작했습니다. 그러자 모스크바 삼상 회의의 결정을 따르는 것이 낫다고 여기는 이들이 생겨났습니다. 이대로 남과 북이 각각 미국과 소련의 영향 아래 있다가는 나라가 두 동강 날 게 분명했기 때문입니다. 그들은 임시 정부를 잘 구성하면 신탁 통치를 1년으로도 줄일 수 있고, 임시 정부 구성에 문제가 생기더라도 최대 5년만 참으면 남과 북이 하나된 조국을 건설할 수 있다고 여겼지요. 그래서 이들은 **모스크바 삼상 회의 찬성 운동**을 벌이기 시작했습니다. 이들은 대부분 좌익 세력이었습니다.

그러나 우익 진영은 여전히 '신탁 통치 반대'를 줄기차게 주장했습니다. 우익과 좌익은 서로의 주장을 굽히지 않으면서, 세력을 과시했습니다. 이 때문에 충돌이 빚어지기도 했지요.

그사이, 미국과 소련은 모스크바 삼상 회의의 결정에 따라, 미소 공동 위원회를 열었습니다. 임시 정부를 구성하기 위해 어떤 단체들을 참여시킬 것인가가 회의의 주된 의제였지요. 그런데 여기서도 의견이 대립되었습니다. 소련은 모스크바 삼상 회의 결과를 받아들이려 했던 세력들만 참여시키자고 했습니다. 그 세력들은 대부분 좌익이었지요. 소련은 이를 통해 조선에 자신들과 같은 사회주의 정권을 수립하려 했던 것입니다. 미국이 이를 모를 리 없었지요. 그래서 미국은 조선의 모든 사회 단체가 참여해야 한다고 맞섰습니다. 그것이 민주주의라고 주장했지요. 미국은 좌익뿐만 아니라, 우익들이 참여해야 조선에 미국과 같은 자본주의 국가가 세워질 것이라고 여겼던 것입니다. 이러한 의견 대립은 좁혀질 기미가 보이지 않았습니다. 이 때문에 미소 공동 위원회는 아무런 성과를 낼 수 없었지요.

그사이 남한에서는 좌익과 우익의 대립이 점점 격화되었습니다. 이때, 이승만이 정읍에서 '남한만이라도 정부를 수립하자.'라는 발언을 했습니다. 이는 하나 된 조국을 염원하는 이들을 긴장시켰습니다. 그래서 김구와 여운형, 김규식과 같은 이들이 좌익과 우익을 하나로 모으려는 운동을 벌였습니다. 이를 **좌우 합작 운동**이라고 합니다. 하지만 대립은 날로 격해져 갔습니다.

남한과 북한에 각각의 정부가 서다

1947년, 미국은 미소 공동 위원회를 여는 것은 더 이상 의미가 없다며, 조선의 문제를 유엔에 넘겨 버렸습니다. 그러자 유엔은 '남한과 북한이 총선거를 통해, 통일 정부를 건설하라'고 결정했습니다.

그런데 이번에는 북한에서 반대하고 나섰습니다. 남한에 비해 북한의 인구가 훨씬 적었기 때문입니다. 따라서 선거를 하면 남한에 유리한 결과가 나올 것이 뻔하다고 여겼지요. 북한은 유엔의 결정을 거부하며 버텼습니다.

그런 상황에서 남한의 이승만을 비롯한 우익 세력은, 남한만이라도 정부를 세우자고 주장하기 시작했습니다. 그들은 현실적으로 남북한 통일 정부를 세우는 것이 불가능하다고 판단한 것입니다. 그러나 이는 조선의 분단을 염두에 둔 주장이었습니다. 남한만의 단독 선거로 정부를 세우면 북한 역시 단독 정부를 세울 것이 뻔했으니까요.

그래서 여운형, 김구와 같은 이들이 나섰습니다. 그들은 남한만의 단독 선거를 반대하는 한편, 북한으로 가 김일성을 만나 협상을 벌였습니다. 이를 남북 협상이라고 합니다. 그러나 남북 협상은 좋은 성과를 거둘 수 없었습니다. 이승만을 비롯한 남한의 우익 세력도, 김일성을 비롯한 북한의 좌익 세력도 양보하려 하지 않았기 때문입니다.

그런 상황에서 유엔은 가능한 데부터 선거를 통해 정부를 세우라고 했

▲ **38선을 넘는 백범 김구**
38선을 중심으로 한반도가 남과 북으로 분단될 것 같은 위기감은 점점 커져 갔다. 분단을 막기 위해 여운형이 북한으로 가 김일성을 만나 협상을 시도했다. 이듬해 남한만 단독 선거를 실시하게 되자, 이번에는 김구가 38선을 넘었다. 그는 "통일 조국을 건설하려다 38선을 베고 쓰러질지언정, 단독 정부를 세우는 데 협력하지 않겠다."라고 선언했다. 그러나 두 사람의 방북은 성과를 내지 못했으며, 두 사람 모두 의문의 암살을 당했다.

습니다. 결국 1948년 5월 10일, 남한만의 단독 총선거(국회 의원을 뽑는 선거)가 이루어졌지요. 국회 의원으로 당선된 이들은 제헌 의회(헌법을 제정하는 의회)를 이루고, 7월 17일 헌법을 반포했습니다. 그리고 국회 의원들은 이승만을 대통령으로 선출했습니다. 그해 8월 15일, 이승만은 대한민국 정부 수립을 선포했습니다.

유엔은 즉각 대한민국을 한반도의 유일한 합법 정부로 승인했지만, 북한의 김일성은 이에 아랑곳하지 않았습니다. 그는 남한보다 조금 늦은 1948년 9월 9일, 조선 민주주의 인민 공화국 수립을 선포했습니다. 오늘날 우리가 흔히 말하는 '북한' 정부가 선 것입니다.

    이로써 독립을 되찾은 지 3년 만에, 우리 겨레는 남과 북으로 분단되고 말았습니다. 그 경계는 38선이 되었지요. 그 누구도 남북을 오갈 수 없게 되었습니다. 38선에는 엄청난 군대가 배치되었고, 때때로 교전이 벌어지기까지 했습니다.

속담 한국사

다섯 번째 보따리
6·25 전쟁과 휴전

전쟁이 시작되면 지옥이 열린다

이 속담은 서양의 속담입니다.
어떤 전쟁이건 전쟁은 사람의 목숨을 앗아가고
사람들의 삶의 터전을 짓밟지요.
서로가 서로를 죽이면서 서로에 대한 증오도 쌓입니다.
이 때문에 전쟁은 사람이 살아가는 데
가장 처참한 환경, 즉 세상을 지옥으로 만들어요.
1950년 발발한 6·25 전쟁 역시 마찬가지였어요.
한반도 전체가 지옥 같은 전쟁터가 되었으니까요.

한강 다리로 몰려든 사람들

1950년 6월 25일, 일요일 새벽이었습니다. 일요일은 군인들도 쉬는 날이었지요. 그런데 새벽 4시, 갑자기 천지를 뒤흔드는 소리에, 38선 주변 국군들은 벌떡 일어났습니다.

"비상! 비상이다!"

누군가의 소리에, 국군들은 군장을 메고 내무반 밖으로 뛰어나왔습니다. 그때, 북쪽에서 한줄기 불덩어리가 날아왔습니다. 그 불덩어리는 내무반으로 떨어져, 시뻘건 불기둥이 되어 치솟았습니다. 귀를 찢는 폭발음과 함께, 이제 막 내무반을 나서고 있던 전우들이 피를 흘리며 고꾸라졌습니다.

"대, 대포다! 인민군이야! 북한 인민군이 쳐들어왔어!"

그랬습니다. 인민군이 탱크를 앞세우고 38선을 넘어온 것입니다. 전쟁이 일어난 것이지요.

"북한 인민군이 대대적으로 쳐내려오고 있습니다. 전쟁이 났습니다!"

전쟁이 발발했다는 소식은 곧 널리 퍼졌습니다. 그러나 그 누구도 전쟁의 상황을 정확하게 알지 못했습니다. 답답한 것은 국회 의원들도 마찬가지였지요. 6월 27일 새벽 1시, 국회 의원들은 본회의를 소집했습니다.

"의원 여러분, 어서 자리에 앉아 주십시오!"

국회 의장 신익희가 의사봉을 두드렸지만, 누구도 선뜻 자리에 앉지 못했습니다. 자리도 반 이상이나 비어 있었지요.

"다들 어딜 간 거야? 이거 일이 잘못 돌아가고 있는 거 아냐?"

"그러게……. 혹시 인민군이 서울까지 쳐들어오는 건가? 그렇지 않고서야……."

그때 다시 신익희의 목소리가 의사당에 울려 퍼졌습니다.

"우리 국군은 최선을 다해 인민군을 막아 내고 있을 것입니다. 그러니 이럴 때일수록 정신을 바짝 차리고 힘을 모읍시다!"

국회 부의장 조봉암도 거들었습니다.

"우리 모두 힘을 합쳐, 서울을 지켜 냅시다! 북한의 불법 침략을 결코 용서하지 맙시다!"

몇몇 국회 의원들이 박수를 치자, 신익희가 말을 이었습니다.

"좋습니다! 우리의 이러한 의지를 담아, 결의문을 만들겠습니다. 그리고 저와 부의장이 국회를 대표하여, 대통령께 우리의 뜻을 전달하도록 하겠습니다."

국회 의원들은 모두 고개를 끄덕이며 의사당을 나섰습니다. 그러나 찜찜하고 불안한 마음은 가시질 않았습니다.

동이 트자, 신익희와 조봉암은 경무대(오늘날의 청와대)로 향했습니다. 그런데 대통령이 경무대에 없었습니다.

"이 급박한 시기에 대통령이 어디에 계신단 말이오?"

조봉암이 눈살을 찌푸리며 국방 장관 신성모에게 물었지만, 신성모는 꿀 먹은 벙어리였습니다. 그때 장관들이 경무대에 도착했습니다. 장관들도 놀라 물었지요.

"대통령이 경무대에 안 계시다고요? 대통령이 안 계시면, 이 비상 시기를 어떻게 대처해야 하는지, 누가 결정합니까?"

신성모는 그제야, 우물쭈물 입을 열었습니다.

"사실……. 대통령께서는 대전으로 떠나셨습니다. 새벽 3시쯤 열차를 타셨지요."

"대통령께서 피난을 가셨단 말입니까?"

사람들은 벙어리라도 된 듯 멍하니 서로를 바라볼 뿐이었습니다. 그러나 곧 하나둘, 다급한 발걸음으로 경무대를 나서기 시작했습니다.

'대통령이 피난을 갔다는 건, 서울을 지킬 수 없다는 말 아닌가? 인민군이 서울로 들어올 게 분명해!'

국회 의원들도, 장관들도 서둘러 피난 보따리를 싸기 시작했습니다.

그날, 서울 시민들은 뒤숭숭한 마음으로 라디오에 귀를 기울였습니다. 새 소식을 듣기 위해서였지요.

"전쟁이 난 건 확실한데…… 도대체 무슨 일이 벌어지는지 알 수가 있어야지."

그러나 하루 종일 정부에서는 아무런 발표가 없었습니다. 그러다 지쳐 잠자리에 들 무렵인 밤 10시, 드디어 라디오에서 이승만 대통령의 목소리가 흘러나오기 시작했습니다.

"서울 시민 여러분! 북한은 지난 6월 25일, 선전 포고도 없이 불법으로 전쟁을 일으켰습니다. 그러나 걱정 마십시오! 우리 국군이 수도 서울과 시민을 지킬 것입니다. 그러니 안심하고 평소와 다름없이 생활하시기 바랍니다. 이런 비상사태일수록 당황하지 말고, 대통령과 우리 정부를 믿고 따라 주시기 바랍니다."

사람들은 그제야 마음이 놓였습니다. 대부분의 사람들은 이승만이 이미 피난 갔음을, 라디오 방송은 이승만의 목소리를 녹음하여 튼 것임을, 꿈에도 생각하지 못했기 때문입니다.

그러나 그 시각, 발 빠른 사람들은 기차를 타고 남쪽으로 향하고 있었습니다. 한강 다리에도 피난 행렬이 줄을 섰습니다. 인민군이 쳐들어온다는 소문을 들은 이들이었지요. 기차를 타지 못한 사람은 차량을 이용해, 차량도 얻지 못한 사람은 걸어서, 한강을 건너가려 했습니다.

이때, 한강 다리는 국군이 지키고 있었습니다. 국군은 잔뜩 긴장한 표정으로 북쪽을 바라보고 있었습니다. 서울의 북쪽, 창동과 미아리가 서울을 지키는 마지막 방어선이었습니다. 그 방어선이 뚫리면, 서울이 인민군의 손에 떨어지는 것은 시간문제였지요. 한강 다리를 지키는 국군들은 북쪽 하늘을 바라보며 뜬 눈으로 밤을 새웠습니다.

그런데 동틀 무렵, 다급한 무전이 왔습니다.

"다리를 지금 당장 폭파시켜라!"

다리를 지키던 장교는 소리쳤습니다.

"무슨 말씀이십니까?! 지금 다리 위는 피난 가는 사람들로 가득합니다!"

"내 말 들어!"

무전기 너머 상급자의 목소리는 다급했습니다.

"창동 미아리 전선이 무너졌어. 인민군에게 뚫렸단 말이다."

장교의 얼굴이 굳어졌습니다. 서울이 넘어가는 것은 시간문제였지요. 그렇다면 이제는 인민군이 서울 남쪽으로 진격하는 것을 막는 것이 급선무였습니다. 그러자면 다리를 폭파해, 인민군의 진격로를 자르는 것이 맞았습니다. 그러나, 다리 위에는 피난 가는 사람들이 가득했습니다. 지금 다리를 폭파하면 그와 함께 무고한 사람들도 산산조각이 날 수밖에 없었습니다.

"뭐 하나! 인민군에게 진격로를 내줄 셈인가!"

무전기 너머 상급자가 다시 소리쳤습니다. 장교는 눈을 질끈 감았습니다. 그리고 떨리는 손을 폭파 장치로 옮겼습니다.

순간 사방으로 불꽃이 튀어 오르더니, 다리가 무너져 내리기 시작했습니다. 그와 함께 다리를 건너던 사람들도 시꺼먼 강물 속으로 사라지고 말았습니다. 피투성이가 된 사람들의 신음 소리와 공포에 질린 울음소리가 하늘을 뒤덮었지요.

사람들은 이제 지옥이 열렸음을, 분명하게 깨달을 수 있었습니다.

6·25 전쟁의 결과

　6·25 전쟁(한국 전쟁)은 북한의 기습적인 남침으로 시작되었습니다. 육군 참모 총장은 국민들에게 인민군을 격퇴할 수 있다고 큰소리쳤지만, 대통령 이승만은 전쟁 발발 이틀 만에 피난길에 오릅니다. 미국인 아내와 비서 한 명, 경호원 몇몇만 대동한 채, 극비리에 대전으로 도망간 것입니다. 서울의 마지막 방어선이 인민군에게 뚫리자, 국군은 한강 다리를 폭파시켰습니다. 그로 인해, 피난 가던 무고한 시민들은 목숨을 잃고 말았지요.

　그 뒤에도 인민군은 계속 남쪽으로 내달렸습니다. 한 달도 안 되어 대전을 손에 넣었고 곧 낙동강까지 나아갔습니다. 한반도 전역이 북한의 인공기로 뒤덮일 것만 같았습니다.

　그러나 유엔의 참전으로, 전황은 급격하게 변했습니다. 유엔은 전쟁 발발 이틀 만인 6월 27일, 전격 참전을 결정했습니다. 미군을 주축으로 16개 국으로 구성된 유엔군을 남한에 급파하기로 말입니다. 유엔군 총사령관으로는 미국의 **맥아더**가 임명되었습니다.

　맥아더는 9월 15일 **인천 상륙 작전**에 성공하고, 서울을 되찾았습니다. 이로써 남쪽으로 내려왔던 인민군은 앞뒤로 적을 맞게 되어, 서둘러 후퇴하게 되지요. 이제 상황이 바뀌어, 인민군은 북쪽으로 썰물처럼 물러나고, 유엔군과 국군이 기세등등하게 압록강까지 나아갔습니다.

그런데 또다시 예기치 못한 상황이 발생했습니다. 1950년 11월 27일, 중국군이 압록강을 건너오기 시작한 것입니다. 중국의 참전으로 전쟁은 또 다른 국면을 맞게 되지요. 1951년 1월 4일, 유엔군과 국군은 대대적으로 후퇴하기 시작했습니다. 이를 1·4 후퇴라고 합니다.

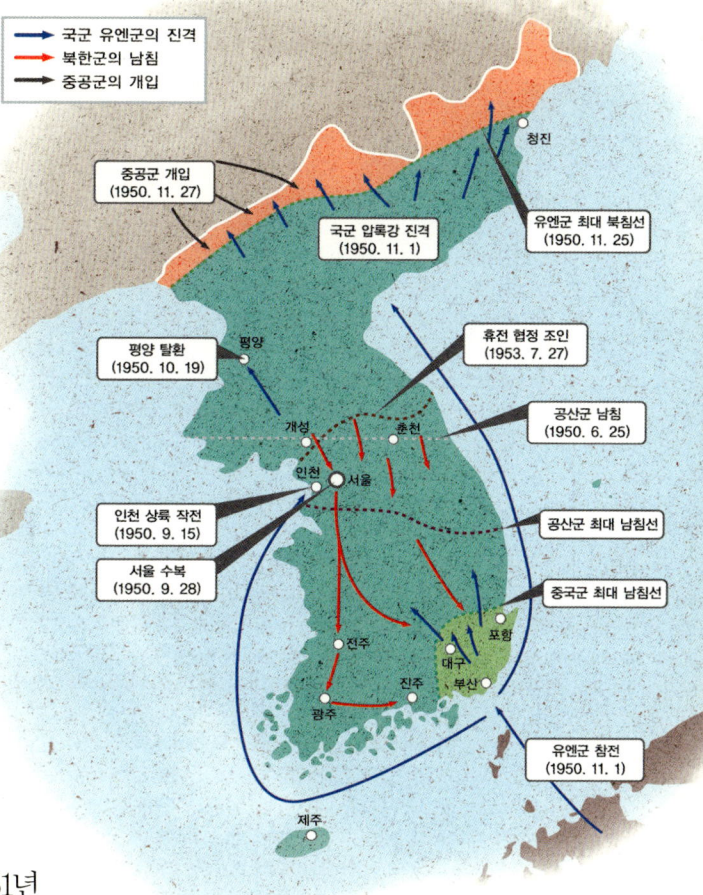

▲ 6·25 전쟁의 경과

이때부터 휴전하자는 주장이 고개를 들기 시작했습니다. 유엔군에 중국까지 참전하자, 이제 6·25 전쟁은 국제전의 성격을 띠었지요. 국제

▲ 폐허가 된 서울
6·25 전쟁 동안 엄청난 폭격이 이루어졌다. 제2차 세계 대전(1939년 ~1945년) 동안 전 세계에서 사용된 폭탄이 300만 톤이었는데, 6·25 전쟁 동안 한반도 한 곳에서만 60만 톤이 쓰였다고 한다.

사회에서는 이렇게 전쟁이 더 확대되면 혹시라도 제3차 세계 대전이 일어나는 것이 아닌지 걱정하기 시작했어요.

그러나 전쟁은 쉽게 끝나지 않았습니다. 휴전 협상이 시작되자, 이승만은 휴전을 반대하며 북진 통일을 주장했습니다. 휴전 협상은 장장 2년 동안이나 지속되었지요. 휴전은 1953년 7월에서야 이루어졌습니다.

전쟁이 시작되면 지옥이 열린다더니, 6·25 전쟁은 한반도를 참혹하게 파괴했습니다. 곳곳에서 공방전이 벌어졌고, 날마다 하늘에서 폭탄이 우박처럼 쏟아져 내렸습니다. 서울, 평양과 같은 대도시는 폐허나 다름 없이 파괴되었고, 철도, 공장 등과 같은 산업 시설의 80퍼센트가 잿더미가 되고 말았지요.

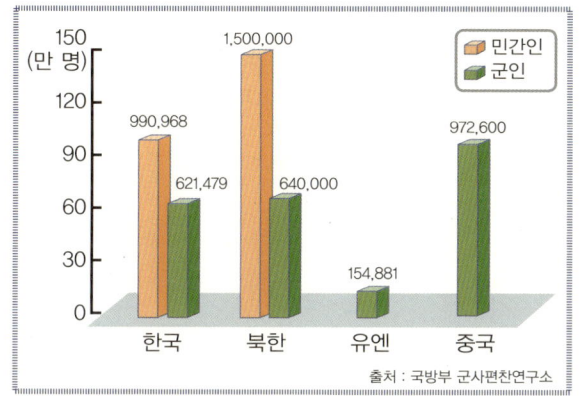

▲ 6·25 전쟁의 인명 피해

인명 피해는 말할 것도 없었습니다. 전쟁 통에 죽거나 다친 사람이 400만 명에 달했지요. 당시 남북한 인구를 모두 합해 3천만 명이라고 했으니, 우리나라 사람 일곱 명 중 한 명이 6·25 전쟁으로 목숨을 잃거나 다친 것입니다. 전쟁으로 고아가 된 아이들만 10만 명, 휴전 협정이 체결된 뒤 다시 남과 북으로 갈리자, 가족이 남과 북에 흩어져 살게 된 이산 가족만 1천 만 명이었습니다. 전쟁에 참여한 유엔군과 중국군의 피해도 적지 않았지요.

◀ 민간인 학살
전쟁 중에 민간인들이 희생되는 경우도 많았다. 국군과 인민군은 물론, 전쟁 중에 활동하던 좌. 우익 세력 모두 상대를 도왔다는 죄로 민간인을 무참하게 살해하기도 했던 것이다. 이로 인해 서로에 대한 적대감과 증오가 쌓이기 시작했다. 특히 남한에서는 공산주의라면 치를 떠는 이들이 많아졌다.

아직 끝나지 않은 전쟁

사실 전쟁은 남한과 북한에 정부가 각각 수립된 순간부터 이미 예정되어 있었던 것인지도 모릅니다. 남한의 이승만과 북한의 김일성 모두 통일을 주장하고 있었는데, 당시 상황으로 평화적인 통일은 불가능해 보였으니까요. 그래서 38선 곳곳에서는 심심치 않게 총소리가 울려 퍼지곤 했습니다.

게다가 한반도 주변, 그리고 국제 정세도 긴박하게 돌아가고 있었습니다. 1947년 미국의 대통령 트루먼은 국제 사회에서 공산주의 세력을 배척하고, 공산주의가 확대되는 것을 막겠다고 선언했습니다. 이는 미국이 소련을 적으로 간주하겠다는 말과 다름없었지요. 이로써, 국제 사회는 미국을 중심으로 하는 자본주의 진영과 소련을 중심으로 하는 공산주의 진영이 대립하게 되었습니다. 총을 들고 싸우지만 않았지, 철저하게 긴장 상태를 유지했지요. 이러한 대립을 냉전(Cold War)이라고 합니다.

그런데 뜻하지 않은 상황이 중국에서 벌어졌습니다. 1949년 장제스가 이끄는 중국의 국민당 정부가 마오쩌둥이 이끄는 중국 공산당에 쫓겨 대만으로 도망간 것입니다. 이로써, 중국에도 소련과 같은 공산주의 정권이 서게 되었지요. 북한의 김일성에게 이처럼 반가운 소식이 없었습니다. 소련에 이어 중국이라는 든든한 지원군을 갖게 된 것이니까요.

남한의 상황도 김일성에게 유리하게 돌아가는 것 같았습니다. 1948년

부터 이듬해에 걸쳐, 미국이 남한에서 군대를 철수시킨 것입니다. 게다가 1950년 1월, 미국은 애치슨 라인 선언을 발표했습니다. 이는 알래스카-일본-오키나와-필리핀을 연결하는 미국의 태평양 방어선이었는데, 이 방어선에서 남한이 빠진 것입니다. 김일성은 미국이 남한을 지킬 마음이 없다고 판단했습니다.

김일성은 당장 남한과 전쟁을 치르겠다며 소련에 도움을 요청했습니다. 소련은 김일성에게 탱크와 비행기 등의 군수 물자를 보급하겠다고 약속했지요. 중국 역시 군사 원조를 약속했습니다. 이로써, 김일성이 자신만만하게 전쟁을 일으킬 수 있었던 것입니다.

그러나 미국과 유엔은 신속하게 전쟁에 대처했지요. 이미 예상이라도 한 듯, 전쟁 발발 이틀 만에 전격적인 참전을 결정하고, 인천 상륙 작전을 통해 전황을 뒤집었으니까요.

3년에 걸쳐 한반도에 지옥을 열었던 전쟁은 국군과 유엔군, 인민군과 중국군이 싸우던 전선을 따라 새로이 휴전선이 그어지며 마무리가 되었습니다. 그러나 전쟁이 끝난 것은 아니었습니다. '정전 협정'이 아닌, 휴전 협정을 맺은 것이니까요. 즉 지금 남북한의 상황은 '전쟁이 끝난 상황'이 아닌, '전쟁을 쉬고 있는 상황'인 것입니다.

여섯 번째 보따리
3·15 부정 선거와 4·19 혁명

찬물 먹고 냉돌방에서 땀 낸다

찬물을 먹고 냉돌방에 들어 앉아 있으면 어떻게 될까요?
여름이라면 시원해 좋을 것이고
겨울이라면 추워서 몸이 덜덜 떨릴 거예요.
그런데 땀을 낸다니요!
말도 안 되는 말이지요.
그래서 '찬물 먹고 냉돌방에서 땀 낸다'라는 속담은
도무지 이치에 닿지 않는 말이니, 하지도 말라는 뜻입니다.
당치도 않은 방법으로 목적을 이루려는
어리석은 행동을 비꼴 때도 쓰이고요.
이승만이 대통령인 시대,
이 속담이 쓰일 만한 일이 엄청나게 일어났답니다.

막걸리와 김 씨의 눈물

 대한민국의 대통령과 부통령을 뽑는 선거가 다가오고 있었습니다. 대통령은 이승만이 당선될 게 확실했습니다. 상대 후보인 조병옥이 갑작스럽게 숨을 거두었기 때문입니다. 사람들의 관심은 자연스럽게 부통령 선거에 집중되었지요.
 "자유당의 이기붕이 될까? 민주당의 장면이 될까?"
 퇴근길, 선거 벽보를 살피던 김 씨가 중얼거리자, 친구 이 씨가 대답했습니다.
 "이번에는 야당이 한번 해 봐야 하지 않겠어?"
 야당이란 정권을 잡지 못한 정당을 말합니다. 정권을 잡은 정당은 여당이라고 하지요. 당시는 이승만과 이기붕이 속해 있던 자유당이 여당이었고, 조병옥과 장면이 속한 민주당이 야당이었습니다.
 "그럼, 그럼. 썩을 대로 썩은 자유당을 또 뽑아 줄 수는……."
 김 씨가 고개를 끄덕이며 말하는데, 이 씨가 옆구리를 슬쩍 찌르며 눈짓을 했습니다. 경찰이 다가오고 있었거든요. 두 사람은 입을 꾹 다

물었습니다.

"선거에 관심이 아주 많으신가 봐요."

김 씨도 이 씨도 아무 대답이 없자, 경찰은 경찰봉을 움켜쥐며 말했습니다.

"잘 뽑으십시오. 안 그러면 경을 칩니다."

김 씨와 이 씨는 몹시 불쾌했지요. 그러나 아무 말도 못한 채, 어금니만 악물었습니다.

그날 저녁, 밥상을 받은 김 씨는 고개를 갸우뚱했습니다.

"웬 막걸리야?"

뜬금없이 아내가 술상을 봐 온 것이었습니다. 아내는 말없이 방 안 한쪽을 가리켰습니다.

"웬 고무신이야? 이거 다 누가 줬어?"

"누구긴……. 면장이지. 이기붕 찍으라면서……."

공무원인 면장이 주민들에게 막걸리와 고무신을 돌리면서, 이기붕 선거 운동을 한 것이었습니다. 공무원은 선거에서 누구의 편도 들면 안 되는 것이었지만, 당시 공무원들은 공공연하게 자유당 편을 들었지요. 자유당에 잘 보이지 못하면 성공할 수 없었기 때문입니다.

김 씨는 저절로 한숨이 났습니다. 그때 상 위의 막걸리가 보였습니다. 김 씨는 잠깐 망설이다, 막걸리를 들이켰습니다.

빈 사발을 상에 내려놓으며 김 씨는 인상을 찌푸렸습니다.

"뭘 놈의 막걸리가 이렇게 써!"

드디어 3월 15일, 선거일이 되었습니다. 사람들이 투표장인 근처 학교로 몰려들었지요.

'셋씩, 여섯씩 무리 지은 사람이 많네……'

김 씨는 고개를 갸웃하며, 그들 틈에 섞여 학교로 향했습니다. 그러다 한 무리 속으로 들어가게 되었는데, 이런 말소리가 들렸습니다.

"이기붕 찍는 거 알지? 막걸리 얻어먹고, 고무신 얻어 신은 거 잊지 마. 그러고도 딴짓하면 재미없을 줄 알아!"

김 씨는 그제야 왜 사람들이 무리를 지어 오는지 감이 잡혔습니다. 이기붕을 찍게 하려고, 자유당이 사람들을 동원한 것이 분명했지요. 갑자기 속이 거북했습니다. 어제 먹은 막걸리가 떠올랐습니다.

'먹지 말걸……'

그때 학교로 가는 사거리가 보였습니다. 그런데 사거리에서부터 학교까지, 덩치가 크고 험상궂게 생긴 사람들이 드문드문 서 있었습니다. 주변에서 주먹 좀 쓴다는 사람들은 죄다 모아 온 것 같았지요. 그들은 지나가는 사람들에게 시비조로 말하고 있었습니다.

"오늘 누구 찍어야 하는지 알지?"

자유당이 동원한 깡패들이었지요. 김 씨는 저도 모르게 눈을 내리깔았습니다. 괜히 주눅이 들었던 것입니다.

투표장에 들어선 뒤에도, 김 씨는 고개를 들 수 없었습니다. 투표를 위해 줄을 선 이들 사이를, 경찰봉을 든 경찰들이 돌아다니고 있었습니다. 경찰들은 경찰봉으로 자신의 손바닥을 탁탁 치기도 했습니다. 그때마다 사람들은 움찔움찔했습니다. 그 소리가 '이게 언제 네 등짝을 후려칠지 모르니, 조심해!' 하는 경고음처럼 들렸기 때문입니다.

김 씨는 집으로 돌아가고 싶었습니다. 그러나 숨을 크게 내쉬며 마음을 다잡았습니다.

'아냐! 이번엔 정말 바꿔야 해.'

김 씨는 마음을 굳게 먹고 투표용지를 받기 위해 줄을 섰습니다. 그리고 마침내, 기표소로 들어갔습니다.

'기호 1번 이기붕, 기호 2번 장면……'

김 씨는 주먹을 꼭 쥐었다 펴며 기호 2번에 기표하려 했습니다. 그런데 그때였습니다.

"어이! 그 투표용지 좀 펴 보지."

김 씨는 힐끗 뒤를 돌아보았습니다. 한 경찰이 경찰봉으로 투표용지를 넣는 투표함의 구멍을 막고 있었습니다. 그 앞에는 투표를 하려는 젊은이가 서 있었지요.

"네?"

젊은이는 기가 막힌 듯 아무 말도 못했습니다. 민주주의 국가에서 투표의 원칙 가운데 하나가 비밀 투표입니다. 누가 누구를 뽑았는지 알 수 없도록 해야, 마음 놓고 투표할 수 있으니까요. 그런데 이미 기표한 투표용지를 펴 보라니요! '찬물 먹고 냉돌방에서 땀 낸다'는 말만큼이나, 기가 막힌 말이었습니다.

그러나 경찰은 젊은이가 기표한 투표용지를 낚아채고는 투표용지를 펼쳤습니다. 순간, 경찰의 얼굴이 일그러졌습니다.

"이거 이거 이럴 줄 알았다니까! 장면에게 투표를 해?"

경찰은 투표용지를 찢어 날리며, 밖을 향해 소리쳤습니다.

"야, 이 자식 데려가!"

그러자 밖에서 기다렸다는 듯 덩치가 큰 사람 둘이 뛰어 들어와 젊은이의 양쪽 팔을 잡았습니다. 젊은이가 뿌리치자, 그들은 젊은이의 배를 주먹으로 때렸지요. 젊은이는 덩치들에게 질질 끌려 나갔습니다.

이를 보던 사람들에게 경찰이 눈알을 부라리며 소리쳤습니다.

"뭘 구경났다고 봐! 자, 자! 신경 끄고, 어서들 투표나 해!"

기표소 안의 김 씨는 얼른 고개를 돌렸습니다. 이제 기표를 해야 하는데, 김 씨는 차마 기표를 할 수 없었습니다. 어깨너머로 경찰이 자신이 몇 번에 기표하는지, 볼 것만 같았기 때문입니다. 그리고 경찰봉으로 머리통을 내리칠 것 같았지요. 김 씨는 투표용지만 멍하니 바라보았습니다. 투표용지가 서서히 뿌옇게 보였습니다. 김 씨의 투표용지 위로 굵은 눈물방울이 뚝뚝 떨어지기 시작했습니다.

역사 속 숨은 이야기

3·15 부정 선거와 4·19 혁명

　1960년 3월 15일, 4대 대한민국 대통령과 부통령을 뽑는 선거는 역사상 최악의 부정 선거로 손꼽힙니다. 이승만과 그가 이끄는 자유당 정권은 공무원, 경찰과 같은 국가 기관을 앞세워 표 몰이를 했지요. 막걸리와 고무신, 돈을 뿌리며 국민들의 표를 샀고, 깡패들을 동원해 유권자들을 협박하기까지 했습니다. 사실 이전에도 선거 때마다 이런 일은 반복되었지요. 그런데 이번에는 아예 이기붕을 찍은 투표용지를 투표함에 미리 넣어 두기도 했습니다. 그래서 개표를 했을 때, 유권자 수보다 투표용지가 더 많은 경우도 많았지요. 아예 투표함을 바꿔치기 하는 경우도 있었습니다.

　이는 이승만과 자유당이 정권을 유지하기가 그만큼 힘들었기 때문이었습니다. 조병옥의 죽음으로 이승만의 당선은 문제가 없었지만, 부통령 선거는 알 수가 없었습니다. 국민들이 확실히 등을 돌리고 있었기 때문입니다. 그런데 이번 선거에서는 반드시 이기붕이 부통령으로 당선되어야 했습니다. 이승만의 나이가 86세의 고령이라, 언제 쓰러질지 알 수 없었거든요. 대통령이 죽거나 대통령으로서의 역할을 할 수 없을 때, 그 권한은 당연히 부통령이 갖게 되지요. 따라서 부통령으로 이기붕이 당선되어야, 이승만에게 문제가 생겨도 자유당이 정권을 유지할 수 있었습니다. 자유당은 이기붕 당선에 사활을 걸었습니다. 그래서 이기붕을 당선시키기 위해, 부정이든 폭력이든 가리지 않고, 동원할 수 있는 모든 방법을 동원한 것입니다. 그 결과, 이기붕이 부통령으로 당선되었지요.

▲ 〈동아일보〉에 실린 3·15 부정 선거 개표 결과 기사
이승만 대통령의 4선, 이기붕 부통령의 당선을 보도한 기사이다. 이 부정 선거로 말미암아 4·19 혁명이 시작되었다.

그러나 이는 찬물 먹고 냉돌방에서 땀 내는 것만큼, 어리석은 행동이었습니다. 해방이 된 지 15년이 지난 때였습니다. 국민들은 그동안 몇 번의 선거를 했고, 선거 때마다 반복되어 온 부정 선거에 물릴 대로 물려 있었습니다. 부정 선거로 당선된 이들은 그 옛날 탐관오리들처럼 부정부패를 일삼았지요. 공무원들은 공공연하게 뇌물을 주고받았습니다. 이승만은 미국으로부터 원조를 이끌어 냈다고 떠들어 댔지만, 국민들은 여전히 먹고살기가 힘들었습니다. 그런 때 또 부정 선거가 공공연하게 자행되자, 국민들은 더 이상 참을 수가 없었습니다. **3·15 부정 선거**를 규탄하기 위한 집회와 시위가 전국적으로 일어난 것입니다.

그러던 4월 11일, 마산의 앞바다에서 참혹한 시신 한 구가 떠올랐습니다. 눈에 최루탄이 박힌 채 숨을 거둔, 한 고등학생의 시신이었지요. 그의 이름은 김주열이었습니다. 그는 마산의 한 고등학교 학생으로, 3·15 부정 선거를 규탄하는 시위에 나섰다가 행방불명된 상태였습니

▲ **무폭력 무저항을 외치며 데모하는 학생들**
학생들은 평화적인 방법으로 시위를 하고 싶었지만, 경찰은 최루탄과 폭력을 사용하며 제지했다.

96

다. 김주열은 경찰이 쏜 최루탄에 맞아 쓰러졌고, 경찰은 이를 감추기 위해 김주열을 차가운 바다 속에 던져 넣은 것이었습니다. 이 사실은 전 국민을 더욱 분노하게 만들었습니다.

 가장 먼저 고등학생들이 거리로 뛰쳐나왔습니다. 형님뻘인 대학생들이 보고만 있을 리 없었지요. 이들은 모두 일제로부터 해방이 된 뒤, 학교에 다니며 민주주의를 배운 이들이었습니다. 이들은 어깨에 어깨를 걸고, 경무대로 향했습니다. '이승만 퇴진'과 '민주주의'를 외치면서 말입니다. 경찰이 최루탄을 쏘고 경찰봉을 휘둘렀지요. 그러나 이는 이승만 정권과 싸우겠다는 시위대의 결심을 더욱 단단하게 다질 뿐이었습니다. 결국 경찰이 시위대를 향해 총을 발사하기 시작했습니다. 수많은 학생들의 피가 4월의 거리를 붉게 물들였습니다.

 그러자 교수들이 나섰습니다. 그들은 '학생들의 피에 보답하라'며 거리로 나왔습니다. 시민들이 그 뒤를 따랐고, 초등학생들까지 교문을 열어 재꼈습니다. 그들은 더 이상 총부리가 두렵지 않았습니다.

 결국 이승만은 대통령직에서 물러날 수밖에 없었지요. 이로써, 대한민국은 새로운 사회가 시작될 수 있다는 희망으로 부풀어 올랐습니다. 이를 4·19 **혁명**이라고 합니다.

이승만과 자유당 정권

이승만은 유명한 독립운동가였습니다. 임시 정부가 서자 대통령직을 맡기도 했지요. 하지만 그는 주로 미국에서 활동했습니다. 그러다 해방이 되자 귀국했지요.

이승만은 철저한 반공주의자였습니다. 대단한 현실주의자이기도 했지요. 남한만의 단독 정부 수립을 가장 먼저 주장한 사람이 바로 그였어요. 미국과 소련이 첨예하게 대립하는 상황에서, 통일 정부 구성은 현실적으로 어렵다고 판단한 것이었습니다. 미국은 이런 이승만에게 호의적이었습니다. 그런 상황에서 이승만은 1948년 8월 15일에 대한민국의 초대 대통령으로 선출되었습니다.

그러나 국민들은 곧 이승만에게 등을 돌리기 시작했습니다. 비록 남한만의 단독 정부였지만, 국민들은 정부가 친일의 잔재를 청산해 주길 바랐습니다. 그래서 반민족 행위 특별 조사 위원회(반민특위)를 구성하여, 친일파를 처벌하려고 했지요. 그런데 친일파들의 방해가 만만치 않았습니다. 미군정은 남한을 통치하는 데 친일파들을 이용했습니다. 일제에 나라를 팔아먹은 이들이라면, 자신들의 말도 잘 들을 게 틀림없었으니까요. 이를 간파한 친일파들은 미군정에 충성했습니다. 미국과 소련이 대결 국면으로 들어서자, 그들은 철저한 반공주의자로 변신했지요. 일제 시대 독립운동가들을 쫓듯이, 미군정 시대에는 사회주의 세력을 누르는 데 앞장선 것입니다. 대통령이 된 이승만도 친일파들에게 너그러웠습니다. 철저한 반공주의자였던 그에게는 나라를 팔아먹고 동지들을 잡아 죽이던 친일파들보다 사회주의자들이 더 큰 문제로 보였기 때문입니다. 이 때문에 이승만은 친일 잔재 청산에 소극적일 수밖에 없었고, 반민특위의 활동은 흐지부지되고 말

▲ 초대 대통령 이승만
대통령이 된 이승만이 취임 선서를 하고 있다.

았지요. 이승만이 대통령이 된 뒤 토지를 개혁하여 농민들이 땅을 갖게 되는 등의 성과를 이루었지만, 국민들은 이승만에게 등을 돌렸습니다. 그것은 2대 국회 의원 선거에 고스란히 드러났지요. 국민들이 이승만과 가까운 이들을 찍어 주지 않았던 것입니다.

그런 때 전쟁이 일어났습니다. 전쟁은 이승만에게 뜻밖의 기회를 주었습니다. 전쟁과 같은 비상 상황에서 사람들은 안정을 추구하기 마련이지요. 국민들이 섣불리 지도자를 바꾸려 들지 않을 것이 분명했습니다. 게다가 전쟁을 버텨 내려면, 미국의 도움이 절실했습니다. 대한민국에서 이승만만큼 미국과 통하는 인물도 없었지요. 이승만은 이를 이용해, 권력을 계속 잡을 방법을 찾았습니다. 당시 대한민국의 헌법은 국회 의원들이 대통령

을 뽑는 간선제였습니다. 사실 이것이 이승만이 초대 대통령이 될 수 있었던 결정적인 요인이었습니다. 대한민국 첫 총선은 남한의 단독 정부 수립을 위한 선거였기 때문에, 김구처럼 이에 반대하는 이들은 선거에 참여하지 않았지요. 그래서 이승만을 지지하는 이들이 첫 선거에서 대거 당선되어, 이승만을 대통령으로 선출했던 것입니다. 하지만 2대 국회 의원 선거에서는 간선제가 이승만의 발목을 잡았습니다. 국회 의원 가운데 이승만 지지 세력이 소수였으니까요. 그러자 이승만은 먼저 자기 지지 세력을 모으기 위해 '자유당'을 만들고, 깡패들을 동원했습니다. 깡패들은 국회 의원들의 목숨을 위협하며 헌법을 바꾸라고 협박했고, 국회 의원들은 폭력 앞에 무릎을 꿇고 말았습니다. 그 결과 헌법은 국민이 직접 대통령을 뽑는 직선제로 바뀌었습니다. 이승만은 예상대로, 1952년 전쟁 중에 치러진 대선에서 대통령으로 당선되었지요.

하지만 이승만의 권력 욕심은 끝이 없었습니다. 헌법에는 대통령의 임기를 4년, 2번까지 연임할 수 있게 되어 있었습니다. 그러나 이승만은 계속 대통령을 하고 싶었고, 헌법을 또 고치기로 마음먹었지요. 그는 온갖 부정 선거를 통해, 자유당 사람들을 국회 의원으로 당선시키고 다시 헌법을 바꾸었습니다. 그 주 내용은 첫 대통령, 즉 이승만에 한해서는 몇 번이고 대통령을 할 수 있다는 것이었습니다.

1956년 대통령 선거가 시작되자, 이승만은 다시 대통령 후보로 나섰지요. 이승만 외에도 신익희, 조봉암이 후보로 출마했습니다. 신익희의 인기가

의외로 높았습니다. 이승만은 불안했지요. 하지만 공교롭게도, 신익희가 갑작스레 숨을 거두는 바람에 이승만은 대통령에 당선될 수 있었습니다. 그 뒤 이승만은 조봉암을 견제했습니다. 다음 번 선거에서 조봉암이 자신을 위협할 수 있다는 판단이 들었기 때문입니다. 이승만은 조봉암을 공산주의자로 몰았습니다. 조봉암은 '평화 통일'을 주장했는데, 북한의 김일성과 주장이 똑같다는 논리였습니다. 조봉암은 결국 공산주의자로 몰려 사형당했습니다.

그런 상황에서 1960년, 4대 대통령 선거에 이승만이 자신을 따르는 이기붕과 함께 출마해, 최악의 부정 선거를 저지른 것이었습니다. 그러나 국민들은 더 이상 이를 용납할 수 없었고, 김주열의 시신은 그런 국민들을 일으켜 세웠습니다. 그것이 4·19 혁명인 것입니다. 4·19 혁명은 오로지 권력만을 탐한 독재자를, 오로지 국민들의 힘으로 몰아낸, 우리 역사 최초의 사건이었습니다.

일곱 번째 보따리
5·16 군사 정변과 제3공화국

하늘이 돈짝만 하다

돈짝은 엽전 크기를 말해요.
그러니까 하늘이 돈짝만 하다는 말은
하늘이 아주 작게 보인다는 말이에요.
끝없이 펼쳐진 하늘이 돈짝만 하게 보인다니,
온전하게 세상을 볼 수 있는 상태가 아니겠지요?
그래서 이 속담은 술에 취했거나 충격을 받아
세상을 제대로 볼 수 없거나 의기양양해서
세상이 만만하게 보이는 것을 비유적으로 표현해요.
5·16 군사 정변을 일으킨 군인들의 상태가 아마 이랬을 거예요.

박정희, 군사 정변을 일으키다

"대통령제는 문제가 많아. 대통령 한 사람한테 너무나 많은 권한을 준단 말이지."

"그래. 이승만이 10년 넘게 독재를 할 수 있었던 것도, 대통령 한 사람에게 너무나 많은 권한이 집중되어 있었기 때문이야."

"이 참에 권한이 분산되는 정부 형태를 만들어야 하지 않을까?"

1960년 4·19 혁명 이후, 많은 이들이 앞으로 구성될 정부의 형태에 대해 논의했습니다. 이승만과 같은 독재자가 다시 등장하지 못하게 하기 위한 체제를 마련하고자 한 것이었지요.

"영국과 같은 의원 내각제가 어떨까?"

의원 내각제란, 국회 의원 선거에서 다수당을 차지한 당이 내각을 구성해, 나랏일을 이끌어 가는 정치 제도입니다. 내각은 보통 수상과 각 행정부의 장으로 이루어지는데, 합의를 통해 나랏일을 처리합니다. 따라서 내각의 수반(행정부의 우두머리)인 수상이라도, 제 마음대로 나랏일을 결정할 수 없지요. 대통령이 있기는 하지만 그저 상징적인 존재일 뿐이고요.

의견은 결국 의원 내각제로 모아졌습니다. 그래서 의원 내각제로 헌법을 바꾸고, 선거를 통해 의원들을 뽑았지요. 그 선거에서 민주당이 다수당을 차지해 내각을 구성하고, 장면이 총리가 되었습니다.

"우리가 가장 먼저 해야 할 일은, 3·15 부정 선거를 저지른 이들을 단죄하는 것입니다. 그래야 이와 같은 일이 다시는 일어나지 않을 것입니다."

국민들은 장면의 말에 귀를 기울이며, 한편으로는 자신들의 목소리도 내기 시작했습니다.

"4·19 혁명으로, 우리 대한민국의 민주주의가 한층 더 발전할 수 있도록 해야 합니다."

"맞습니다. 학생들이 자유롭고 민주적인 분위기에서 공부할 수 있도록, 학원 자율화가 이뤄져야 해요. 그래야 민주적인 의식을 가진 시민으로 길러 낼 수 있지 않겠습니까? 또 학생들을 군사 조직처럼 묶어 사상 통일 교육과 단체 훈련을 하는 학도 호국단도 폐지해야 합니다."

"6·25 전쟁 때 수많은 양민 학살이 있었습니다. 그 진상을 낱낱이 조사합시다. 공산주의자라고 몰려서 억울하게 죽은 사람이 어디 한두 명입니까? 그런 억울함을 풀어 주는 것에서부터 민주주의가 발전하는 것입니다."

그런 가운데 통일에 대한 논의도 시작되었습니다. 이승만 정권은 '북진 통일'을 주장했지요. 그런데 '평화 통일'에 대한 논의가 터져 나온 것입니다. 학생들은 이런 구호를 외치기 시작했지요.

"가자, 북으로! 오라, 남으로! 만나자, 판문점에서!"

그런데 모두가 이런 현상을 반기는 것은 아니었습니다.

"이제 말 많은 놈들이 판을 치는 세상이 됐네. 사공이 많으면 배가 산으로 간다고 하지 않았나? 그런데 웬 놈의 사공이 이리도 많은지!"

"누가 아니래? 지금 이러고 있을 때인가? 오늘 당장 입에 풀칠하기 힘든 사람들이 얼마나 많은가!"

그들의 가장 큰 불만 가운데 하나는 '경제' 문제였습니다. 이승만은 미국에서 무상으로 원조를 받았지요. 그런데 1958년부터는 유상 원조로 바뀌어 원조를 받는 대가로 돈을 지불해야 했습니다. 이 때문에 경제 사정은 더욱 어려워졌고, 사람들의 살림살이도 더욱 쪼들렸지요.

장면 정권이 들어선 뒤에도, 도무지 경제 사정이 나아질 기미가 보이지 않았어요.

특히나 평화 통일 논의에 대해서 불만을 가진 이들도 있었습니다.

"전쟁 끝난 지 얼마나 되었다고……. 한 번 남침한 북한이 두 번은 못 할 것 같나?"

"그렇고말고. 이럴 때일수록 북한에 대한 경계를 게을리하지 말아야 하는데……. 평화 통일이라니, 쯧쯧."

"하늘이 돈짝만 하게 보인다더니, 이승만을 몰아냈다고 너무 의기

양양한 거 아냐?"

 1961년 5월 16일 새벽 2시가 넘은 시각, 몇 대의 트럭이 김포에서 한강 인도교(오늘날의 한강 대교) 쪽으로 달려와 멈춰섰습니다. 그 안에는 군인들이 타고 있었지요. 깜깜한 새벽임에도 검정 썬글라스를 낀 소장(군대 계급)이 이들을 이끌고 있었습니다. 그의 이름은 박정희였습니다.
 "인도교 남단에 헌병들이 바리케이드를 치고 있습니다. 우리 계획이 새어 나간 게 틀림없습니다."
 박정희는 지프에 올라타며 말했습니다.
 "그냥 밀어붙인다!"
 박정희의 말에, 부하들은 트럭에 시동을 걸었습니다. 군인들을 태운 트럭은 그대로 헌병들의 바리케이드를 돌파했지요. 그런데 다리 중간에 또 다른 바리케이드가 나타났습니다. 그곳의 헌병들이 총을 쏘기 시작했습니다.
 "차 세워!"
 박정희가 지프에서 내리자, 부관들도 따라 내렸지요. 그는 권총을 장전하며 명령했습니다.
 "여기서 지체할 시간이 없다. 저 바리케이드를 돌파하고, 동이 트기 전에 서울의 주요 시설을 모두 접수해야 해."

부관들은 고개를 끄덕였고, 곧 교전이 시작되었습니다. 그런데 헌병들은 얼마 싸우지도 않은 채 도망치고 말았습니다. 박정희가 이끄는 군인들은 새벽 4시쯤 무사히 인도교를 건너, 서울 도심으로 들어갔지요. 그들은 정부를 접수하고 계획대로 주요 시설을 장악했습니다. 그리고 새벽 5시, 라디오 방송을 내보냈습니다.

"친애하는 애국 동포 여러분, 우리 군부는 오늘 새벽을 기해 일제히 행동을 개시하여 국가의 행정·입법·사법의 3권을 완전히 장악하고 군사 혁명 위원회를 조직하였습니다."

방송이 나간 뒤, 박정희와 그 부하들은 차례로 군대를 장악하기 시작했습니다. 그리고 9시에 다시 방송을 내보냈습니다.

"지금 이 시각부터 전국에 비상 계엄을 선포하며, 모든 집회를 금지한다. 오늘 오전 7시, 군사 혁명 위원회는 정부의 모든 권한을 인수했으며, 그 권한으로 모든 의회를 해산한다."

국민들은 어리둥절했습니다.

"이게 무슨 말이야?"

"군인들이 나라를 안 지키고 정치를 한다는 말이잖아."

"하늘이 돈짝만 하게 보여도 유분수지, 군인이 무슨 정치를 해?"

그러나 사람들은 왠지, 등줄기가 오싹한 느낌이 들었습니다.

제2공화국과 제3공화국

4·19 혁명 뒤, 의원 내각제가 실시되고 민주당의 장면이 정권을 잡았지요. 이 시기를 흔히 **제2공화국**이라고 합니다. 이전 이승만이 대통령이던 시기는 **제1공화국**이라고 하고요.

그런데 제2공화국은 제1공화국과 달리 혼란스러웠습니다. 곳곳에서 사람들이 제 목소리를 내기 시작했기 때문이지요. 이것은 민주주의가 발전하면서 겪는 당연한 혼란이라고 볼 수 있었습니다. 그러나 이 혼란이 어떤 이들에게는 위기로 보였습니다. 그 가운데 하나가 박정희를 비롯한 군인들이었지요. 박정희는 그런 군인들을 규합해 군사 정변을 일으켰습니다. 이것이 바로 **5·16 군사 정변**입니다.

군사 정변을 일으킨 박정희는 **반공**을 전면에 내세웠습니다. 젊은 시절, 박정희는 사회주의 단체와 관련이 있었지요. 이 때문에 미국이 박정희의 군사 정변을 의심스럽게 바라보고 있었습니다. 박정희는 그런 의심을 잠재워야 했습니다. 미국이 인정하지 않으면, 군사 정변은 성공할 수 없기 때문입니다. 그래서 강력하게 '반공'을 내걸었던 것입니다. 박정희는 경제를 재건하겠다는 선언도 했습니다. 이는 당시 가난에 시달리던 국민들에게 반가운 소식이 아닐 수 없었지요. 더불어 박정희는

사회를 안정시킨 뒤, 민간인에게 정권을 넘기겠다고 약속합니다.

군사 정변 이틀 뒤인 5월 18일, 박정희는 군사 혁명 위원회를 **국가 재건 최고 회의**로 이름을 바꾸고, 그곳에서 입법, 사법, 행정을 처리하기 시작했습니다. 나라의 모든 권력이 국가 재건 최고 회의에 집중된 것이지요. 한편으로는 중앙 정보부를 만들어, 자신의 오른팔인 김종필을 정보부장 자리에 앉힙니다. 그리고 다시 헌법을 바꿔, **대통령제**를 실시하도록 했습니다.

▲ 5·16 군사 정변의 주역, 박정희
1961년 군사 정변으로 권력을 잡은 박정희는 1979년 부하의 총탄에 숨을 거두기까지, 18년 동안 대한민국의 권력을 틀어쥔다. 그에 대해서는 경제 발전을 일으켜 조국을 근대화로 이끈 대통령이라는 긍정적인 평가와 국민들을 무자비하게 탄압하고 민주주의를 말살한 독재자라는 부정적인 평가가 동시에 존재한다.

그런 다음, 박정희는 민주공화당(공화당)을 창당하며, 1963년 여름 군복을 벗었습니다. 그러고는, 공화당의 총재가 되지요. 박정희는 공화당 총재 자격으로 그해 10월 치러진 대통령 선거에 출마해 당선되었습니다. 대한민국

5대 대통령으로, 정권을 인수하게 된 것이지요. 이로써, 민간인에게 정권을 넘기겠다는 약속도 지킨 셈입니다. 박정희는 더 이상 군인이 아니었으니까요.

　이렇게 해서 대한민국은 박정희가 이끄는 시대로 접어들었습니다. 이 시대를 보통 **제3공화국**이라고 합니다.

한일 수교와 군사 독재

박정희와 제3공화국은 민족적 민주주의를 내세웠습니다. 무엇보다도 우리 민족을 가장 우선시하고 중시하는 민주주의를 열어 나가겠다는 말이었습니다. 이 말에 많은 이들이 솔깃했습니다. 비록 군인 신분으로 군대를 이끌고 정권을 장악했지만, 그의 말대로 민족적 민주주의를 실현한다면 좋은 일이라 여긴 것입니다.

그런데 이런 여론에 찬물을 끼얹는 일이 벌어졌습니다. 박정희가 대통령이 된 지 약 6개월 되던 시점인 1964년 3월, 정부는 한일 수교 정상화 방안을 발표했습니다. 그런데 그 내용이 문제였습니다.

한일 수교를 하자면, 무엇보다 일본의 진심 어린 사과를 받아 내는 것이 첫 번째였습니다. 그러나 한일 수교 내용에 일본의 사과는 한 마디도 없었습니다. 우리 겨레를 35년 동안 짓밟고 착취한 데에 대한 배상금도 무상으로 주는 것이 3억 달러, 유상으로 주는 것이 2억 달러밖에 되지 않았습니다. 이승만이 요구했던 배상금은 20억 달러였습니다. 장면 정권은 28억 달러를 요구했지요. 1941년 일본의 침략으로 피해를 입었던 필리핀은 14억 달러를 배상받았습니다. 이렇게 비교해 보면, 그 배상금은 정말로 터무니없었습니다. 그런데 그마저도 일본에서는 '배상금'이라고 하지 않고, '독립 축하금'이라고 표현했습니다. '배상'이란 손해를 물어 준다는 뜻입니다. 일본이 배상이란 단어를 쓰지 않은 것은 우리에게 손해를 끼쳤다는 것조차 인정하지 않는다는 뜻이었습니다. 그런데도 박정희 정권은 일본이 '배상금' 대신 '독립 축하금'이라고 표현하는 것을 용인한 것이었지요. 게다가 앞으로는 우리 국민 개인이 일본에 대해 피해 보상을 요구할 권리도 막아 버렸습니다. 일본은 한일 수교를 하면서, 식민지 지배에 대해 사과는커녕 배상도 하지 않은 것이고, 또 앞으로 문제될 소지도 없애 버린 것입니다.

박정희 정권의 입장에서는 어쩔 수 없는 선택이라고 했습니다. 당장 경제를 재건하려면 돈이 필요하고, 그러자면 이렇게 해서라도 경제 발전에 투입할 수 있는 큰돈을 마련하는 것이 현실적이라고 판단한 것이지요. 게다가 미국이 우리나라와 일본의 수교를 적극적으로 밀어붙이고 있었습니다. 소련-중국-북한이 긴밀하게 관계를 가지고 있는 동북아시아 정세에서, 미국은 미국-일본-남한이 동맹을 맺어 맞서기를 바라고 있었습니다. 따라서 최대한 빨리 우리가 일본과 수교하기를 바란 것입니다. 이를 위해 미국은 일본에도 압력을 넣었지요. 이 때문에 사과할 마음도 배상할 마음도 없이, 일본이 우리에게 돈을 건넨 것이었습니다.

그러나 국민들은 한일 수교를 굴욕으로 받아들였습니다. 대학생들이 당장에 시위를 시작했지요. 그들은 민족적 민주주의 장례식을 치렀습니다. 박정희 정권이 내세우는 민족적 민주주의는 더 이상 사람들의 마음을 사로잡지 못했던 것입니다. 학생들은 거리로 쏟아져 나왔습니다. 이들의 시위는 1964년 6월 3일, 최고조에 달했지요. 그래서 이때의 시위를

6·3 시위라고 합니다.

그러자 박정희는 서울에 '계엄령'을 선포했습니다. 계엄령이란 전쟁과 같은 비상사태 때, 사법, 행정권 등의 모든 권한을 계엄 사령관, 즉 군인이 행사할 수 있도록 하는 것입니다. 계엄령이 선포되자, 서울에 4개 사단 병력이 들이닥쳐 시위대를 진압했습니다. 이들은 학생과 언론인, 정치인 등 시위 주동자 1천2백여 명을 검거하고, 이 가운데 300여 명을 구속했지요. 그리고 이듬해인 1965년 한일 수교를 조인했습니다.

그 뒤 박정희 정권은 한일 수교의 대가로 얻은 배상금 등을 바탕으로, 경제 발전을 꾀하기 시작했습니다.

여덟 번째 보따리
경제 성장의 빛과 그림자

고생 끝에 낙이 온다

사람이 살아가다 보면 어려운 일을 겪을 수도 있어요.
이럴 때는 '고생 끝에 낙이 온다'라는 속담을 기억하세요.
옛 어른들은 알았던 거예요.
사람의 인생이 언제나 고생만 있는 것이 아니란 걸요.
고생을 이겨 내면, 즐거움과 행복이 온다는 것을요.
1960년대, 모두가 가난했던 시대.
이 속담만큼 우리나라 사람들에게 위안이 되었던 말도 없을 거예요.

독일로 떠난 사람들

"독일에서 광부로 일할 사람을 모집합니다."

전국 곳곳에 이런 광고가 나붙었습니다. 광고 앞을 지날 때마다, 사람들은 걸음을 멈춰 섰습니다.

"독일이라면 유럽에 있는 나라 아냐? 제2차 세계 대전을 일으킨 나라, 맞지?"

"그래. 전쟁에서 패해 잿더미가 되었었다는구만. 그런데 독일 사람들이 얼마나 지독하게 일했는지, 이제는 잘살게 되었대. 그래서 지금은 일손이 부족할 지경이라고 하더군."

양복을 말끔하게 차려 입은 신사들 사이로 젊은이 하나가 끼어들었습니다.

"그래요? 그럼 일자리가 천지겠네요!"

신사들은 젊은이를 아래위로 훑어보았습니다. 비쩍 마른 얼굴에 꾀죄죄한 모습이었습니다. 신사 하나가 고개를 끄덕였습니다.

"그렇다더군. 그래서 다른 나라에서 일꾼들을 데려다 쓴다는 거야.

그러니, 자네도 지원해 보게나. 어쩌면 좋을 기회가 될 게야."

　신사들은 이렇게 말하고는 광고판 앞을 떠나갔습니다. 그러나 젊은이는 쭈뼛거렸습니다. 광부는 광산에서 일하는 사람이지요. 땅을 파고 들어가 석탄이나 철광석 같은 광물을 파내는 직업이었습니다. 어렵고 힘든 일이었지요. 또 종종 파 내려간 갱도가 무너져, 사람이 죽거나 다치는 일도 많은 곳이었습니다.

　하지만 광고 내용을 훑어보던 젊은이는 눈을 동그랗게 떴습니다.

　"저, 저게 얼마야? 일, 십, 백, 천, 만…… 월급이 4만 원?"

　당시 말단 공무원의 월급이 3천3백 원이었습니다. 그런데 독일로 가서 광부로 일하면, 그보다 열 배가 넘는 돈을 벌 수 있는 것이었습니다.

　젊은이는 군침을 꿀꺽 삼켰습니다. 저 월급이면, 동네에서 신동 소리 듣고 자란 남동생을 걱정 없이 대학에 보낼 수 있을 것 같았습니다. 혼기가 꽉 차 오는 여동생을 시집보낼 걱정도 없을 것 같았지요. 그뿐인가요? 새벽부터 논밭에서 손이 부르터라 일하는 부모님도 편하게 모실 수 있을 것 같았습니다. 젊은이는 어금니를 질끈 물었습니다.

　'독일로 가자! 꾹 참고, 3년 동안만 두더지처럼 일하자. 그러면 여기서 30년 일한 것만큼 돈을 벌 수 있을 거야.'

　며칠 뒤, 젊은이는 독일로 가는 광부를 선발하는 시험장을 찾았습니다. 시험장 주변은 발 디딜 틈이 없었지요.

젊은이처럼 생각하는 사람이 한둘이 아니었던 것입니다. 시험을 보기 위한 번호표를 받는 데만도 한 시간이 넘게 걸렸지요.

'와, 사람이 정말 많네!'

젊은이는 주변을 둘러보았습니다. 자기와 비슷한 처지로 보이는 이들이 많았습니다. 하지만 얼굴도 하얗고 손가락도 긴 게, 첫눈에 보기에도 공부를 많이 한 듯한 이들도 자주 눈에 띄었습니다. 일자리 구하기가 너무나 어려워서, 독일로 가 일한다는 것은 누구에게나 좋은 기회로 여겨졌던 것입니다. 젊은이는 괜히 기가 죽었습니다. 갑자기 시험에 대한 걱정이 밀려왔거든요.

'독일로 간다고 독일 말로 물어보는 건 아니겠지?'

그때 자신의 이름을 부르는 소리가 들렸습니다.

"김순일 씨, 들어오세요."

순일은 곧 시험관 앞에서 섰지요. 시험관은 순일을 위아래로 쳐다보며 말했습니다.

"건강해 보이는구만."

그러고는 턱으로 한 구석을 가리켰습니다.

"저 모래 가마니를 다섯 번만 들어 올려 봐."

"네!"

순일은 모래 가마니를 번쩍 들어 올렸습니다. 열댓 살부터, 중국집에서 밀가루 자루를 날랐던 순일에게, 그 정도 모래 가마니쯤은 문제없었습니다. 시험관은 웃으며 고개를 끄덕였습니다.

　순일이 독일로 가는 비행기에 오른 것은 1963년 12월 21일이었습니다. 신청자 4만 6천 명 중 겨우 500명을 선발한 **독일 파견 광부** 모집에 당당하게 합격한 것이었습니다. 500명 가운데 1진으로 비행기에 오른 순일은 어리둥절하기도 하고, 들뜨기도 했습니다.
　'내가 비행기를 타고, 남의 나라 땅에 가게 되다니!'
　당시는 비행기도, 외국 여행도 흔한 때가 아니었지요. 큰 권력을 가진 사람이거나, 대단한 부자가 아니면 상상도 못할 일이었습니다. 비행기를 타고 외국에 간다는 사실 때문에, 독일에 광부로 가려던 사람들이 있을 정도였지요. 그래서인지 순일과 함께 독일로 가는 동료들 가운데는 포마드 기름을 머리에 바르고, 넥타이에 카메라까지 목에 건 이들도 있었습니다. 그런 이들은 광부로 가는 게 아니라, 사업을 하거나 관광을 하러 가는 사람 같았습니다.
　순일과 그 동료들은 독일에 도착하자마자, 독일의 한 광산에 배치되었지요. 순일과 동료들은 도착한 다음 날부터 당장 일을 시작했습니다. 작업 감독관의 지시에 따라, 엘리베이터에 올랐지요. 윙, 하는 소리와 함께 엘리베이터가 지하로 내려가기 시작했습니다. 헌데, 아무리

내려가도 멈출 줄을 몰랐습니다.

"어이고, 이거 어디까지 내려가는 거여? 이거 지구 반대편까지 가는 거 아녀?"

충청도에서 온 선복이가 눙치듯 말했습니다. 그러자 딸이 세 살이라던 영미 아빠가 대답했지요.

"어제 못 들었어? 우리가 일할 곳이 지하 1천 미터라잖아."

순일이도 그제야 통역에게 들은 말이 생각났습니다. 그런데 숫자로만 듣던 것과 이렇게 엘리베이터를 타고 내려가는 것과는 완전히 달랐습니다. 엘리베이터가 내려갈수록 자꾸만 이마에서 땀방울이 맺혔습니다. 숨도 턱턱 막혀 왔고 쿨럭쿨럭 기침도 났습니다. 불빛도 점점 희미해지는 것 같은데, 엘리베이터가 내는 굉음은 점점 커져만 갔지요.

드디어 쿵 소리와 함께 엘리베이터가 멈췄습니다. 끼익 소리를 내며 엘리베이터의 문이 열렸습니다. 순간, 순일과 동료들은 주춤, 뒤로 물러섰습니다.

문이 열리며 뜨거운 열기가 쏟아져 들어왔던 것입니다. 그리고 그 열기 속에 붙어 있던 시커먼 탄가루가 끈적거리며 순일과 동료들을 덮쳤습니다.

"무시무시하구만. 여기 바로 밑이 지옥 아녀?"

선복이는 농담처럼 한 말이었지만, 그 말이 꼭 맞는 것 같았습니다.

누구도 선뜻, 엘리베이터에서 내려서지 못했습니다. 그때, 순일이 앞으로 성큼 발을 내딛었습니다.

"독일 코쟁이들이 좋은 데서 일하라고 우릴 불렀겠어요? 지들이 하기 힘드니까, 하기 싫으니까, 우릴 불러온 거잖아요."

동료들도 하나둘, 엘리베이터에서 내려서기 시작했습니다.

"그래! 고생 끝에 낙이 온다고, 여기서 고생이란 고생은 다 해 보자고! 고생이 클수록 낙도 크겠지!"

경제 재건을 위한 정책들

독일로의 광부 파견은 제2공화국 시절부터 추진하던 일이었습니다. 그러던 것이 박정희가 대통령이 된 직후, 이루어졌지요.

독일로 광부를 파견하게 된 까닭은, 당시 우리나라에 일할 자리가 없었기 때문입니다. 1960년대, 우리나라의 인구가 2천5백만 명 정도였다고 하지요. 그런데 실업자 수가 250만 명이었습니다. 열 명 중 한 명이 실업자라는 말이었지요. 너무 나이가 많거나 어린 사람들을 제외하고, 또 당시 여성들이 사회 활동을 많이 하지 않았음을 감안한다면, 실제 실업률은 이보다 훨씬 높았을 것입니다. 이런 상황 때문에, 많은 사람들이 독일로 가려고 애를 썼습니다.

그러나 나라 입장에서는 독일로 광부를 파견해, 외화를 벌어들이려는 목적도 있었습니다. 5·16 군사 정변을 일으키고 제3공화국을 수립한 박정희는 국민들에게 경제를 재건하겠다고 큰소리쳤습니다. 그런데 경제를 재건하려면 돈이 필요했습니다. 그래야 공장도 짓고, 도로도 놓을 수 있으니까요. 이 때문에 박정희는 **화폐 개혁**을 실시했습니다. 숨어있는 돈을 찾아내, 경제 재건에 쓰려 한 것입니다. 그러나 아무리 탈탈 털어도, 돈은 나오지 않았습니다. 정말로, 나라도 국민도 돈이 없었던

것입니다.

　이를 깨달은 정부는 돈을 모을 다른 방법을 찾았지요. 그 가운데 하나가 우리나라 사람이 외국으로 가 외화를 버는 것이었습니다. 독일로 광부를 파견한 것은 바로 이 때문이었지요. 이때 광부와 함께 간호사도 파견했습니다. 독일로 간 광부들도 간호사들도, 돈을 버는 족족 우리나라로 보내왔습니다. 1970년대에는 근로자들을 중동의 사막으로 보냈습니다. 근로자들은 사막의 모래바람 그리고 살을 태워 버릴 것 같은 뙤약볕과 싸우며 외화를 벌어들였습니다.

　그러나 이러한 돈만으로는 부족했습니다. 국민들이 벌어들이는 외화가 무시할 수 없는 큰 금액이기는 했지만, 경제를 재건하는 데는 턱없이 적은 돈이었습니다. 이 때문에 **한일 수교**를 맺어, 배상금으로 3억 불의 무상 원조와 2억 불의 유상 원조를 받은 것이지요. 그래도 돈이 부족하자, 박정희는 베트남전에 참전하기로 합니다.

　베트남은 남과 북으로 나뉘어 있었습니다. 남은 미국의 지원을 받고 있었고, 북은 공산주의를 표방하고 있었지요. 그런데 우리나라의 6·25 전쟁처럼, 베트남에서도 남과 북 사이에 전쟁이 일어났습니다. 미국은 남베트남을 돕기 위해 군대를 파병했지요. 그러나 북베트남의 저항이 만만치 않았습니다. 미국도 우호적 나라의 도움이 필요했습니다. 그래서 박정희는 우리 국군을 베트남 전쟁에 파병하기로 결정했지요. 미국은 그에 대한 보답으로 우리나라에 돈을 빌려 주었습니다.

▲ **베트남전에 참전한 국군**
베트남 파병에 대해서는 두 가지 평가가 동시에 이뤄지고 있다. 하나는 6·25 전쟁 때 공산주의에 대항하는 국제 사회의 도움을 받은 나라로서, 그 도움을 되갚을 필요가 있었다는 긍정적 평가다. 또 다른 하나는 다른 나라의 전쟁에 뛰어들어 무고한 이들의 목숨을 빼앗는 데 일조했다는 부정적인 평가다.

이렇게 모은 돈으로, 정부는 **경제 개발 계획**을 시작했습니다. 1960년대에는 제1, 2차 경제 개발 5개년 계획이 실행되었지요. 이때는 신발, 의류, 가발과 같은 경공업 중심의 발전이 이루어졌습니다. 1970년대에 들어서 전개된 제3, 4차 경제 개발 5개년 계획에서는 석유, 조선, 철강 등 중화학 공업을 발전시키는 데 집중했습니다. 또 경부 고속 국도를 건설했습니다. 경제가 발전하려면 원료와 상품 등이 원활하게 운송될 수 있어야 하기 때문이지요.

이로써, 우리나라는 서서히 공업 중심의 사회로 바뀌기 시작했습니다.

경제 발전의 그늘

농촌에서는 새마을 운동을 벌였습니다. 농가와 마을을 근대적으로 바꾸고, 소득을 올려 보자는 운동이었지요. 도시에서의 새마을 운동은 근면하게 일하자는 의식 고양 운동이었습니다. '잘살아 보세!'라는 구호가 전국적으로 유행했습니다. 사람들은 '고생 끝에 낙이 온다'라는 말을 굳게 믿고 있었지요.

그런데 이 속담이 모든 사람들에게 적용된 것은 아니었습니다. 경제를 발전시키려면, 공업을 발전시켜야 했습니다. 공업이 발전하려면 돈과 기술, 그리고 노동력이 필요했지요. 우리나라에는 돈도 기술도 없었습니다. 오로지 노동력이 밑천이었습니다. 그런데 공업 생산품을 내다 팔려면, 값이 싸야 유리했습니다. 생산품 값을 낮추면 노동력을 제공한 대가, 즉 임금을 최대한 낮추어야만 했지요. 정부에서는 노동자들의 임금을 낮추려고 애를 썼습니다.

그러자면 무엇보다도 쌀값이 싸야 했습니다. 먹고사는 비용이 많이 들면, 임금을 올리지 않을 수 없으니까요. 이 때문에 정부는 농민들이 농사 지은 농산품에 헐값을 매겼고, 이 때문에 농민들은 농사를 지어도 이익은 커녕 손해를 입는 경우가 많았습니다. 1년 내내 뼈 빠지게 농사를 지어도, 입에 풀칠하기도 힘들었지요. 견디다 못한 농민들은 농촌을 등지고 도시로 올라오기 시작했습니다. 이들의 꿈은 공장에 취직하는 것이었습니다.

이 때문에, 공장에서는 언제든 쉽게 노동자를 구할 수 있었지요. 공장의 사장은 노동자들에게 임금을 올려 줘야 할 이유가 없었습니다. 임금을 올려 달라고 하면 그 사람을 해고하고 다른 사람을 불러오면 그만이었으니까요. 공장의 사장은 노동자들의 근로 조건을 개선할 필요도 느끼지 못했습니다. 근로 조건이 마음에 들지 않는다고 하는 사람은 내보내면 그만이었습니다. 이 때문에 노동자들은 열악한 환경에서 쥐꼬리만 한 월급을 받으며 일했습니다.

그러나 그 누구도 이러한 노동 문제에 관심을 두지 않았습니다. 그런 때 전태일이라는 청년이 등장했습니다. 그는 청계천에 있는 옷 공장에서 일하는 재단사였습니다. 당시 청계천에는 수많은 옷 공장들이 있었지요. 이곳에서 일하는 노동자들은 대부분 10대 소녀들이었습니다. 그 소녀들은 평균적으로 하루에 열다섯 시간을 일했습니다. 일요일도 없었고, 일이 많을 때는 하루 이틀 밤을 새는 것도 다반사였습니다. 공장의 대부분은 다락을 개조해 만들어서, 어린 소녀들조차 허리를 곧게 펴고 설 수 없을 만큼 비좁았습니다. 공기도 잘 통하지 않아, 옷감에서 날리는 먼지는 고스란히 소녀들의 코를 통해 몸속으로 들어갔습니다. 소녀들은 항상 기침을 달고 살았고, 어떤 소녀는 끝내 피를 토하기도 했지요. 그러나 피를 토한 소녀는 이를 숨겼습니다. 공장에서 쫓겨날 게 틀림없었으니까요.

전태일은 그 소녀들을 돕고 싶었습니다. 근로 기준법을 찾아본 그는 엄연히 정해진 법만으로도 소녀들이 보호받을 수 있음을 알아냈습니다. 그리고 같은 재단사들과 함께 '바보회'를 만들어 소녀들을 돕기 위해 나섰습니다. 또 관청을 쫓아다니며 소녀들을 도와 달라고 요청했지요. 그러나 모두들 콧방귀만 뀔 뿐, 아무도 소녀들의 상황에 귀 기울이지 않았습니다.

그러던 1970년 11월 13일, 전태일은 평화 시장 앞에서 근로 기준법 화형식을 하기로 계획했습니다. 그런데 경찰이 이를 막아섰지요. 전태일은 미리 준비한 석유를 온몸에 뿌리고, 제 몸에 불을 붙였습니다. 그리고 이렇게 외쳤습니다.

"근로 기준법 준수하라! 우리는 기계가 아니다!"

전태일은 자신의 몸을 불살라, 노동자들의 현실을 알리려고 한 것이었습니다. 전태일은 며칠 뒤 "내가 이루지 못한 것을 대신 이뤄 주세요."라는 유언을 어머니에게 남기고, 세상을 떠났습니다.

▲ 청계천 8가에 있는 전태일 흉상
근로 기준법을 널리 알린 전태일은 우리나라 노동 운동의 선구자가 되었다.

전태일의 분신은 당시 많은 사람들에게 충격을 주었습니다. 사람들은 전태일의 죽음을 통해 경제 발전, 경제 성장에 의해 힘없는 노동자와 농민이 얼마나 희생당하고 있는지 깨닫게 되었지요. 이로써 우리나라에도 노동자들의 권리를 지키려는 노동 운동의 싹을 틔웠습니다. 이후 노동 운동은 민주화 운동과 결합해 발전했습니다.

속담 한국사

아홉 번째 보따리
10월 유신과 10·26 사태

벌도 법이 있지

벌은 무리를 지어 사는 곤충이에요.
무리를 지어 살려면 나름대로의 질서가 있어야 해요.
사람 사는 사회에 법이 있는 것과 마찬가지로요.
그래서 '벌도 법이 있지'는
한낱 미물인 벌들도 자기들만의 법, 즉 질서가 있는데
우리가 사는 인간 사회에 법과 질서가 없을 수 있겠느냐라는 뜻으로,
인간 사회의 무법함을 일깨우는 속담이에요.
1970년대의 우리나라는 어쩌면 벌들의 사회보다도 못한
무법천지였는지 몰라요.

18시간 만에 사형당한 8명의 사형수

"너, 누구한테 지령 받았어?"

형사가 몽둥이를 책상 위에 세우며, 여정남에게 물었습니다. 여정남은 박정희 독재에 대항하여 반대 시위를 주도하던 경북대학교 학생이었습니다. 여정남은 대답했습니다.

"지령이라니요? 나는 다만 우리나라의 민주주의를……."

짝, 소리와 함께 여정남의 눈앞에 별이 번쩍했습니다. 형사가 뺨을 후려갈긴 것이지요.

"다시 묻겠다. 너를 빨갱이로 물들인 게 누구야?"

"나는 빨갱이가 아닙……."

퍽, 소리가 나면서 여정남이 의자 아래로 굴러떨어졌습니다. 그의 입에서 피가 흘러나오기 시작했습니다.

"이거, 이거 안 되겠구만. 역시 빨갱이한테는 몽둥이가 약이야."

형사는 이렇게 말하더니, 소매를 걷어붙였습니다. 뒤에 서 있던 형사

하나도 몽둥이를 들고 다가왔지요. 여정남의 몸에, 몽둥이가 수없이 날아왔습니다. 허벅지는 시꺼멓게 멍이 들었고, 머리에서는 시뻘건 피가 흘러내렸습니다.

여정남과 함께 학생 운동을 이끌던 유인태, 이철 등도 똑같이 당하고 있었습니다. 온몸이 새파래지도록 맞은 것은 물론이었고, 얼굴에 수건을 씌운 채 그 위에 물을 들이붓고, 손가락 양 끝에 전선을 연결한 뒤 전류를 흘려보내기도 했습니다. 그럴 때마다 여정남 등은 폐가 찢어지는 고통에 몸부림치다 쓰러졌습니다. 온몸에 전기가 흐를 때는 마치 몸과 영혼이 분리되는 것만 같았습니다.

"누구를 우두머리라고 할까?"

"아무래도 서울대 다니는 놈들이 낫지 않겠어?"

"아냐, 아냐. 여정남이 나아. 나이가 많잖아."

형사들은 학생들이 북한의 지령을 받고, 대한민국을 전복(정권이나 체제를 무너지게 함)시키기 위해 조직을 만들고 시위를 주도했다는 누명을 씌우려 했습니다.

"근데, 학생들끼리 북한이랑 연결했다고 하는 게 좀 약하지 않아?"

한 사람의 말에 다른 형사들도 고개를 끄덕였습니다. 그때, 다른 형사가 무릎을 탁 쳤습니다.

"여정남을 우두머리라 하고, 인민혁명당(인혁당)과 엮자. 인혁당이 여정남을 포섭해 학생 운동을 뒤에서 조정했다고 하는 거야."

형사들은 노다지라도 발견한 것처럼, 눈을 빛냈습니다. 인혁당 사건은 한일 수교 반대 운동이 한창이던 1964년 일어난 사건이었습니다. 북한의 지령을 받아 인혁당을 만들고 활동했다는 죄로 40여 명을 체포했는데, 열세 명만이 기소되었지요. 그러나 그 가운데 유죄를 선고받은 사람은 두 명뿐이었습니다. 무리하고 과장된 수사였던 것입니다.

"괜찮네! 그때 벌을 제대로 받지 않은 사람들이 여전히 북한의 지시로 빨갱이 짓을 했고, 인혁당을 다시 세워 학생들을 뒤에서 조정했다, 이렇게 하자는 거지?"

"그렇지! 역시 척하면 착인데! 사건 이름은 **인혁당 재건위 사건** 어때?"

형사들은 키득키득 웃었습니다. 하지만 곧 웃옷을 집어 들고, 밖으로 나갔습니다.

1974년 4월, 도예종, 우홍선, 서도원 등 10년 전 인혁당 사건에 연루되었던 이들이 하나둘 중앙 정보부로 잡혀왔습니다. 이들 역시 학생들처럼 참혹한 고문을 당했지요. 고문은 그들을 '인혁당을 재건해 학생들을 뒤에서 조정하여, 국가와 체제를 어지럽히려 한 빨갱이'로 만들어 놓았습니다.

그 사이, 가족들은 잡혀간 남편과 아들, 아버지를 만나려고 백방으로 뛰어다녔지요. 그러나 아무도 끌려간 사람들을 만날 수 없었습니다.

"아무리 죄인이라고 해도, 면회조차 못하는 법이 어디 있습니까?"

가족들이 악을 쓰기도 하고 사정도 해 보았지만, 경찰들은 들은 척도 하지 않았습니다. 사실 경찰은 가족들에게 잡아 가둔 이들을 보여 줄 수 없었습니다. 너무나 심하게 고문을 가한 탓이었지요. 그 사실을 안 가족들은 이를 고발하기 위해 인쇄물을 만들어 돌렸습니다. 그러자 중앙 정보부는 가족들도 끌고 가 48시간 동안 잠을 재우지 않았습니다.

그 사이, 첫 재판에서 여정남, 도예종, 우홍선, 서도원 등 8명에게 사형이 선고되고, 일곱 명에게는 무기 징역, 나머지 사람들에게는 징역 20년이 선고되었습니다. 가족들은 즉각 항소했지만, 결과는 마찬가지였습니다. 그렇게 싸우는 사이 1년이 흘러, 1975년 4월 8일이 되었습니다. 마지막 상고 재판이었지요.

"여정남 사형, 도예종 사형, 서도원 사형, 우홍선 사형……"

가족들은 그 자리에 털썩 주저앉았습니다.

"이럴 수는 없어요! 내 남편은 죄가 없어요!"

가슴을 쥐어짜며 통곡을 하는 가족들에게 누군가 말했습니다.

"어느 나라나, 사형이 선고되었다고 바로 사형시키는 법은 없습니다.

적어도 6개월은 실행하지 않아요. 혹시 잘못된 재판이라는 게 발견될 수도 있잖아요. 그러니 모두 힘냅시다."

그러나 그다음 날 새벽, 8명 전원이 교수형에 처해졌습니다. 사형이 언도된 지, 단 18시간 만이었습니다.

가족들을 가슴을 쥐어뜯으며 통곡했습니다.

"손톱만 한 벌들도 법대로 산다는데, 어떻게 사람 사는 세상이 이처럼 무법천지란 말이오!"

유신과 사법 살인

1974년 일어난 **인혁당 재건위 사건**은 철저하게 고문으로 조작된 사건이었습니다. 그러나 법원은 무죄를 주장하는 피고인들에게 사형을 선고하고, 하루도 지나지 않아 교수형에 처했습니다. 지난 2007년, 법원은 인혁당 재건위 사건을 다시 심사했습니다. 그리고 고문으로 조작된 사건이라 판결하고, 사형당한 여덟 명에 대해 무죄를 선고했지요. 국가에는 가족들에게 배상금을 지급하라고 명령했습니다. 국가가 30여 년 전 여덟 명에 대해 **사법 살인**을 저질렀음을 인정한 것입니다.

사실, 1974년 인혁당 재건위 사건이 일어났을 때에도, 곳곳에서 '사법 살인'이라는 비판이 일었습니다. 스위스에 본부를 둔 '국제 법학자 협회'는 여덟 명이 교수형당한 4월 9일을 **사법 사상 암흑의 날**로 선포하기까지 했지요. 국내는 물론 국제 사회에서도 지탄을 받았던 것입니다. 그러나 박정희 정권은 꿈쩍도 하지 않았습니다.

5·16 군사 정변으로 권력을 장악한 박정희는 곧 독재자의 길을 걷기 시작했습니다. 경제 발전을 위해서라는 명목으로 굴욕적인 '한일 수교'를 체결하더니, 이에 반대하는 시민들을 계엄령으로 진압했지요. 그러나 이것은 시작에 불과했습니다.

1967년 대선에서 박정희는 다시 대통령으로 당선되었습니다. 그런데 대통령의 임기는 4년, 연임은 두 번뿐이었습니다. 두 번째로 대통령에 당선되었으므로, 박정희는 이번 임기가 끝나면 더 이상 대통령을 할 수 없었지요. 그런데 이즈음, 북한의 도발이 심상치 않았습니다. 무장 간첩 30여 명이 북한에서부터 산줄기를 타고 내려와 청와대를 습격하더니, 울진 삼척에 100여 명의 무장 공비가 침투하는 사건도 일어났습니다. 북한은 또한 영해를 침범했다며, 미국 배를 납치하고 미국에 사과를 요구했습니다. 그러자 미국은 핵잠수함까지 파견하며 맞섰지요. 국민들은 불안했습니다. 북한이 또다시 전쟁을 일으키는 것이 아닌가, 6·25 전쟁과 같은 지옥이 또 열리는 것이 아닌가 걱정되었던 것입니다.

　그런데 박정희는 이러한 심리를 이용했습니다. 북한이 언제 도발할지 모르는 이때, 이제 경제 성장을 막 이뤄 내려는 이때, 강력한 리더가 필요하다고 선전했습니다. 그러면서 대통령을 세 번까지 할 수 있도록 헌법을 개정했지요. 이로써 박정희는 1971년 대선에도 출마할 수 있게 되었습니다.

　1971년 대선에서 박정희는 다시 대통령으로 당선되었습니다. 그러나 아슬아슬했습니다. 공무원과 경찰 그리고 돈까지 모조리 동원했는데도,

　신민당의 김대중을 겨우겨우 따돌렸습니다. 앞으로도 계속 대통령을 하려는 박정희는 새로운 계획이 필요하다고 판단했습니다.

　1972년 정부는 **7·4 남북 공동 성명**을 발표했습니다. 북한과 비밀로 접촉해서, '남북한이 자주, 평화, 민족 대단결의 원칙에 따라 통일을 이뤄 내자고 합의했다'는 것이었습니다. 국민들은 깜짝 놀랐지요. 6·25

전쟁 이후, 국민들의 북한에 대한 감정은 좋을 수 없었습니다. 북한이 일으킨 전쟁으로 가족과 이웃을 잃은 사람이 한둘이 아니었으니까요. 학교에서는 아이들에게 북한 사람들을 뿔 달린 도깨비처럼 가르쳤고, 나라에서는 국민들에게 북한은 절대로 접촉도 하지 말아야 할 집단으로 선전했습니다. 이 때문에 우리 국민은 '북한', '빨갱이', '공산주의자' 하면 고개를 돌렸습니다. 그런데 정부가 먼저 북한과 접촉했다니, 어리둥절하면서도 찜찜했습니다. 북한한테 또 휘둘려, 불상사가 생길까 걱정이 되었습니다.

그런 분위기에서 박정희는 **한국적 민주주의**를 들고 나왔습니다. 그 내용은 '이제 북한과 통일을 준비해야 하는 이때, 무조건 서구의 민주주의만 따라갈 수 없다. 우리나라에는 우리나라 실정에 맞는 민주주의를 구현해야 한다. 그것은 대통령을 중심으로 하나로 똘똘 뭉쳐, 나라를 발전시켜 나가는 것'이었습니다. 그러면서 다시 헌법을 개정했습니다.

바뀐 헌법에 따르면 이제 대통령은 나라에서 만든 단체인 **통일 주체 국민 회의**가 6년에 한 번씩 체육관에서 뽑게 되었습니다. 국민은 나라의 대표자를 뽑을 권리를 빼앗겼고, 박정희는 선거 걱정 없이 계속 대통령을 할 수 있게 된 것입니다. 국회를 마음대로 주무르기 위해 국회 의원 가운데 3분의 1은 대통령이 임명하도록 했습니다. 민주 정치의 기본은 행정부와 입법부(국회), 사법부(법원)의 권한이 독립적이어야 하는데, 대통령이 행정부와 입법부를 장악해 버린 것입니다. 그런 상황에서 사법부는 대통령의 꼭두각시 노릇을 할 수밖에 없었지요. 게다가 **긴급 조치권**이라는 법을 만들었습니다. 이는 대통령이 헌법에서 정한 국민의 자유와 권리를 제한할 수 있는 헌법 위의 법이었습니다. 이 헌법을 **유신 헌법**이라고 합니다. 유신 헌법은 1972년 10월 발표했지요. 그래서 보통 **10월 유신**이라고 부르기도 하고, 이때부터를 **제4공화국**이라고 합니다.

10월 유신이 발표되자, 김대중을 비롯한 정치인들이 유신 반대 운동을 시작했습니다. 한국 광복군 출신으로 〈사상계〉라는 잡지를 편찬하며 언론인으로 활동하던 장준하 역시 유신 반대 운동에 동참했지요. 대학생들도 가만있

▲ **10월 유신을 발표하고 있는 청와대 대변인**
대통령에 3선된 박정희는 1972년 10월 17일, 대통령 특별 선언을 발표하고, 전국에 비상 계엄령을 선포했다.

지 않았습니다. 전국의 대학이 시위와 집회로 들끓었지요.

이를 탄압하던 정부는 유신 반대 운동의 싹을 잘라 버리기로 마음먹었습니다. 바로 유신 반대 세력과 북한을 연계시키기로 한 거예요. 학생들이 유신 반대 운동을 하는 것은 북한으로부터 조종당했기 때문이라고 선전하면, 유신을 반대하는 여론을 잠재울 수 있다고 판단한 것이지요. 그래서 고문으로 사건을 조작해 인혁당 재건위 사건을 터뜨린 것입니다.

인혁당 재건위 사건으로 사형을 선고받은 사람들은 사형 확정 18시간 만에 교수형을 당했습니다. 그런데 그들은 세상을 떠난 뒤에도 가족의 품으로 돌아가지 못했습니다. 고문의 흔적을 완전히 없애기 위해, 정부에서 시신을 화장시켜 버린 것입니다.

박정희 정권은 이처럼 1970년대 들어 10월 유신을 선포하며, 국민의 자유와 권리를 철저하게 짓밟았습니다. 언론의 자유도, 집회, 결사의 자유도 허락되지 않았고, 정권에 반대하는 이들을 무자비하게 탄압했지요. 그러나 모든 것에 끝이 있듯, 박정희 독재에도 끝이 있었습니다.

부마 항쟁과 10·26 사태

1979년 경찰들이 당시 야당이었던 신민당 당사에 난입했습니다. 이때 신민당 당사에는 YH 여공들이 농성을 벌이고 있었습니다. 가발 공장이었던 YH가 갑자기 문을 닫자, 여공들이 회사에 항의를 했지요. 회사와 경찰은 항의하는 여공들을 무자비하게 해산시켰습니다. 갈 곳이 없어진 여공들은 신민당 당사로 들어가 농성을 계속했습니다. 신민당의 총재였던 김영삼은 여공들을 지켜 주려 했지요. 아무리 독재 권력이라도, 야당의 당사에 공권력을 투입하는 법은 없었기 때문입니다. 이것은 현대 사회에서 '이래서는 안 된다'라고 인정하는 일종의 암묵적인 약속이었지요.

그러나 박정희 정권은 그러한 약속 따위에 아랑곳하지 않았습니다. 신민당 당사에 경찰을 투입해, 여공들을 강제 해산시키려고 한 것입니다. 그 와중에 한 여성이 추락해 목숨을 잃는 사건이 일어났지요. 분노한 김영삼은 박정희 정권을 비판했습니다. 또 미국이 한국에 대한 지원을 중단하고 박정희 정부에 민주화를 추진하도록 압력을 넣어야 한다고, 국제 사회에 호소했지요. 그러자 박정희 정권은 국회에 압력을 넣어, 김영삼을 국회 의원직에서 제명시켜 버렸습니다. 나라 망신을 시켰다는 죄였지요.

이 사실이 알려지자, 국민들이 들끓었습니다. 특히 부산의 대학생들을 중심으로, 정권을 규탄하는 집회와 시위가 연일 열렸습니다. 여기에 부산 시민이 적극 가담했고, 이러한 분위기는 주변의 마산, 창원 지역으로 퍼져 나갔습니다. 정부는 부산과 마산, 창원 지역에 군대를 보내, 시위를 진압하기 시작했습니다. 이를 부마 항쟁이라고 하지요.

그러던 1979년 10월 26일 밤, 박정희는 궁정동의 한 비밀 술집에서 술을 마셨습니다. 그 자리는 원래 부마 항쟁에 대한 대책을 의논하려는 자리였지요. 그래서 박정희의 비서실장과 경호실장, 그리고 중앙 정보부장인 김재규가 함께 있었습니다. 그런데 김재규는 경호실장과 박정희에게 차례로 권총을 발사했습니다. 박정희는 그 자리에서 목숨을 잃었지요. 이를 10·26 사태라고 합니다.

박정희의 충신이었던 김재규가 박정희를 죽인 까닭이 무엇인지는 아직도 말이 많습니다. 다만, 김재규는 훗날 재판에서 "민주화를

▲ **부산대학교 도서관 앞에 있는 부마 항쟁 기념탑**
부마 항쟁은 유신 체제에 대항한 항쟁을 말한다. 부산대학교 학생들이 '유신 철폐'의 구호를 외치며 민주화 시위를 시작하자 시민 계층으로 점차 확산되었다.

위해 야수의 심장으로 유신의 심장을 쏘았다."라고 주장했습니다. 김재규는 결국 이듬해인 1980년 5월, 교수형에 처해졌습니다.

어쨌든 10·26 사태로 박정희는 목숨을 잃었고, 박정희의 군사 독재도 막을 내리게 되었습니다.

열 번째 보따리
신군부의 등장과 광주 민주화 운동

어린아이 팔 꺾은 것 같다

어린아이는 작고 약해요.
그런 어린아이의 팔을 꺾는 일은 아주 쉽지요.
그래서 '어린아이 팔 꺾은 것 같다'라는 속담은
'아주 쉬운 일'이라는 뜻이에요.
하지만 작고 약한 어린아이의 팔을 꺾는 것은
잔인하고 극악무도한 행동이기도 하지요.
이 때문에 이 속담은 잔인하고 참혹한 행동을
비유적으로 이르기도 해요.
1980년에 등장한 전두환과 신군부는
어린아이 팔 꺾은 것 같은 행동으로 권력을 거머쥐었어요.

서울의 봄과 5월의 광주

박정희가 김재규의 총탄에 쓰러지자, 제주도를 제외한 전 지역에 계엄령이 선포되었습니다. 대통령이 죽은 것은 국가의 비상사태였기 때문입니다. 그러나 사람들의 마음은 기대로 부풀고 있었습니다.

"이제 우리나라도 민주화가 되지 않을까?"

"맞아! 이제 우리 손으로 대통령도 뽑을 수 있을 거야."

"대학에 군인들이 들어와 학생들을 마구 잡아가는 일도 이젠 없겠지? 민주주의 사회가 되면, 집회의 자유가 보장될 테니까!"

이런 기대 속에, 최규하가 박정희 시절 내려졌던 긴급 조치를 해제했습니다. 최규하는 죽은 박정희를 대신해 대통령 역할을 하던 국무총리였습니다. 최규하의 조치에 시민들은 더욱 희망에 부풀었지요. 게다가 12월 21일 대한민국의 10대 대통령으로 취임한 최규하는 이듬해 2월, 이렇게 발표했습니다.

"윤보선, 김대중 등 긴급 조치로 처벌받았던 600여 명에 대해 사면 복권하겠습니다."

사면 복권이란 벌을 면제하고 권리를 다시 회복시키는 일을 말합니다. 이로써, 유신 반대 운동을 벌였던 이들이 자유로이 활동할 수 있게 되었습니다. 또한 최규하는 헌법을 개정하겠다는 뜻을 발표했습니다.

"유신 헌법을 전면적으로 개정해서, 우리 사회가 보다 민주적으로 나아갈 수 있는 길을 열겠습니다."

국민들은 더욱 들떴습니다. 꽁꽁 얼어붙었던 겨울 왕국에 환한 봄 햇살이 비치는 것만 같았습니다. 그래서 사람들은 이때를 **서울의 봄**이라고 불렀습니다.

그런데 군인들의 움직임이 심상치가 않았습니다. 1979년 12월, 보안 사령관 전두환이 육군 참모 총장 정승화를 잡아 가두는 사건이 있었습니다. 계급상 전두환이 아래였지만, 전두환은 정승화가 김재규와 관련 있다며, 정승화를 체포했지요. 이는 군내 주도권 다툼이었습니다. 이 사건을 12·12 군사 반란이라고 하지요. 그 뒤 전두환과 그를 따르는 이들을 **신군부**라고 했습니다. 그런데 전두환도 신군부도 그 뒤로는 좀처럼 모습을 보이지 않았습니다.

전두환이 다시 모습을 드러낸 것은 이듬해인 1980년 4월 국무 회의(대통령과 국무총리, 장관 등이 모여 나라의 중요 정책을 심의하는 최고 정책 심의 기관)였습니다. 이때 그의 직함은 중앙 정보부장 서리(직무를 대리하는 사람)였지요. 이를 안 사람들은 화들짝 놀랐습니다.

"전두환이 중앙 정보부를 장악했다면⋯⋯. 박정희가 걸었던 길을 가려는 건가?"

중앙 정보부는 박정희가 5·16 군사 정변을 일으키며 만든 것으로, 나라 안팎의 모든 정보를 장악하고 있는 기관이었습니다. 박정희가 18년 동안이나 정권을 거머쥘 수 있었던 것은 중앙 정보부를 통해 정보를 장악할 수 있었기 때문이지요. 그런 기관을 전두환이 장악한 것은 결코 우연일 수 없었습니다. 12·12 군사 반란 이후, 전두환이 신군부를 중심으로 정권을 장악할 계획을 차근차근 진행시키고 있었던 것이 틀림없었습니다.

국민들은 마음이 급해졌습니다. 하루 빨리 계엄을 철폐해야 했습니다. 또 헌법을 고쳐야 했지요. 시민들은 여기에 한 가지 요구를 더 덧붙이기 시작했습니다.

"전두환은 물러나라!"

그러나 계엄이 해제되기는커녕, 1980년 5월 17일 24시를 기해, 계엄은 제주도까지 확대되었습니다. 전두환과 신군부가 움직이기 시작한 것입니다. 각 대학에는 휴교령이 내려지고, 모든 집회와 시위가 금지되었지요. 전국의 대학과 주요 도로에는 군인들의 총칼이 번뜩였고, 곳곳에 탱크가 배치되었습니다. 마치 박정희가 살아난 것만 같았습니다. 민주화 요구로 들끓었던 전국은 하루아침에 조용해졌지요.

그러나 전라남도 광주만은 예외였습니다. 아침 일찍 등교하던 전남대학교 학생들은 교문을 막고 있는 군인들 앞에서 시위를 시작했습니다.

"계엄을 철폐하고, 유신을 철폐하라!"

"전두환은 물러나라!"

그러자 군인들의 무자비한 구타가 시작되었습니다. 이를 본 시민들은 거리로 쏟아져 나왔습니다. 군인들은 시민들도 무자비하게 구타했습니다. 도망가는 사람들을 끝까지 쫓아가 곤죽이 되도록 때린 뒤, 개처럼 질질 끌고 나왔습니다.

"어린아이 팔을 꺾는다더니! 어찌 저럴 수 있어?"

"군인이 나라를 지키라고 있지, 국민을 잡아먹으라고 있나?"

광주 시민들은 치를 떨었습니다. 지나가는 차들은 경적을 울리며 시위대를 격려했지요. 고등학생들도 교문을 박차고 나왔습니다. 전남도청 앞, 금남로는 시민들로 발 디딜 틈이 없었습니다. 이들은 하나같이 반짝이는 눈으로 외쳤습니다.

"전두환은 물러나라!"

"민주주의 이룩하자!"

그러던 5월 21일, 한 발의 총성이 울리면서, 군인들이 시위대를 향해 일제히 사격하기 시작했습니다. 거리는 금세 아수라장이 되었고, 시민들이 쓰러지기 시작했습니다. 5월의 광주는 그렇게 시민들의 피로 물들기 시작했습니다.

광주를 피로 물들인 전두환과 신군부

12·12 군사 반란으로 군권을 장악한 전두환과 신군부는 박정희의 뒤를 따르려는 이들이었습니다. 그들은 치밀했습니다. 이듬해 봄까지, 군대를 완벽하게 장악했지요. 그리고 국가 정보 기관인 중앙정보부까지 장악하며, 권력으로 다가서기 시작했습니다.

박정희의 죽음으로 민주화에 대한 기대에 부풀었던 이들은, 전두환에게서 박정희의 그림자를 보았습니다. 시민들은 곧 전두환은 물러가라며 소리치기 시작했습니다. 그러나 이미 모든 준비를 마친 전두환은 1980년 5월 17일 24시, 비상 계엄을 제주도까지 확대하며 전 국민에게 공포를 불어넣기 시작했습니다.

모든 도시가 그 기세에 얼어붙었지만, 광주만은 달랐습니다. 광주의 시민들은 어린아이 팔 꺾은 것 같은 계엄군의 잔인한 시위 진압에도 아랑곳하지 않고, 맞서 싸웠습니다. 계엄군이 탱크를 앞세우고 총을 쏘기

▲ 광주 민주화 운동이 벌어졌던 전남도청 별관
대학 휴교령, 보도 검열 강화, 정치 활동 금지 등의 비상 계엄령을 반대하기 위해 학생들은 도청 앞에 모여 시위했다.

▲ **국립 5·18 민주 묘지**
광주광역시 북구에 있는 국립 묘역이다. 5·18 광주 민주화 운동에 대해 재평가되면서 희생자들을 기리는 묘지가 가꾸어졌다.

시작하자, 시민들도 자동차 공장에서 장갑차와 군용차를 내오고 경찰서에 비치되었던 총을 들고 나와 싸웠습니다. 어머니들은 그런 시민군을 위해 주먹밥을 준비하고, 구멍가게에서는 음료수를 내왔지요.

전두환과 신군부는 그런 광주를 가만두지 않았습니다. 광주의 시위가 전국으로 확산되면 큰일이었기 때문입니다. 반대로 광주를 철저하게 짓밟을 필요도 있어 보였습니다. 신군부에게 대항하면 어떤 꼴을 당하는지, 본보기로 보여 주려 한 것입니다. 전두환과 신군부는 곧 대대적인 진압을 개시했습니다. 5월 27일 새벽, 계엄군 2만 5천 명이 탱크를 앞세우고 광주로 진입한 것입니다. 탱크와 기관총으로 무장한 계엄군 앞에 캘빈 소총을 든 시민군은 어린아이와 다름없었습니다. 새벽 5시 30분, 계엄군은 시민군이 최후까지 싸우던 전남도청을 완전히 접수했습니다. 이로써, 광주 민주화 항쟁은 시민들의 피로 물든 채 막을 내리고 말았습니다.

광주에서 시민들이 계엄군과 맞서 싸우고 있을 때, 국민들은 광주에 무장 공비가 난입해 폭동을 일으킨 줄 알고 있었습니다. 전두환과 신군부가 철저하게 언론을 통제하고 있었기 때문입니다. 이를 알 리 없었던 국민들은 겁이 났습니다. 우리가 민주주의를 위해 싸우는 틈을 비집고 북한과 연계된 이들이 국가와 체제를 바꾸려는 것이 아닌지, 걱정되었습니다. 그사이 전두환과 신군부는 **국가 보위 비상 대책 위원회**(국보위)'를 만들고 권력을 완전히 틀어쥐었습니다.

전두환과 제5공화국

권력을 틀어쥔 전두환은 최규하를 협박해 대통령직에서 물러나게 하고, 8월 27일 대통령에 취임했습니다. 당시는 유신 헌법이 살아 있는 상태였지요. 전두환은 박정희처럼 통일 주체 국민 회의를 통해 대통령으로 선출된 것입니다.

전두환은 곧 유신 헌법을 개정하기로 했습니다. 유신 헌법에 대한 국민의 반감이 만만치 않았기 때문입니다. 또 헌법 개정을 통해 국민들에게 자신이 박정희와 다름을 알릴 필요도 있었지요. 전두환은 대통령 임기를 7년으로 정하고 딱 한 번만 할 수 있도록 헌법을 개정했습니다. 그러고는 새로 바뀐 헌법에 의거해 새로 대통령 선거를 실시했습니다. 그러나 바뀐 헌법에서도 국민이 직접 대통령을 뽑을 수는 없었습니다. 대통령 선거인단이라는 사람들이 체육관에서 대통령을 뽑았지요. 이때 대통령으로 뽑힌 사람은 다름 아닌 전두환이었습니다. 대통령이 된 지 6개월 만에 또 선거를 해 다시 대통령이 된 것입니다. 이로써 우리 역사에 제5공화국이 탄생되었습니다.

제5공화국이 들어선 뒤, 모든 뉴스의 시작은 똑같았습니다. 9시를 울리는 '땡' 소리와 함께 '전두환 대통령께서'는 말로 시작되었던 것입니다. 이것은 정부가 철저하게 언론을 통제하고 보도 지침을 내리고 있었기 때문입니다. 언론사는 정부가 내린 보도 지침을 통해 어떤 기사를 어떻게

써야 하는지를 지시받아야 했습니다. 이 때문에 뉴스의 첫머리는 전두환의 활동과 관련된 기사로 나가야 했지요. 그래서 사람들은 뉴스를 '땡전 뉴스'라고 불렀습니다.

그럼에도 제5공화국이 내건 슬로건은 정의 사회 구현이었습니다. 그러나 이는 말뿐이었습니다. 언론을 통제해 국민의 알 권리가 완전히 짓밟힌 상태에서 어떻게 정의로운 사회가 이뤄질 수 있겠어요? 실제로 제5공화국의 실력자들은 권력을 이용해 각종 비리를 저질러, 천문학적인 부를 축적했습니다. 그래서 비리 공화국이란 말이 나올 정도였지요.

하지만 1980년대가 유신 시대와 같을 수 없었습니다. 서울의 봄을 경험했던 국민들의 자유와 민주주의 대한 갈망은 더욱 커져 갔습니다. 제5공화국은 유신 시대와 다르다는 것을 보여 줄 필요도 있었습니다. 정부는 각종 자유화 조치를 내놓을 수밖에 없었습니다.

이제는 밤새도록 돌아다닐 수 있었습니다. 자정을 기해 내려지던 통행금지가 해제되었기 때문입니다. 해외 여행도 마음대로 갈 수 있게 되었습니다. 그러나 비용이 많이 들어 대부분의 사람들에게 해외 여행은 그림의 떡이었지요. 교복 자유화가 실시되어, 학교가 보다 자유로워진 것처럼 느껴졌습니다. 그러면서 과외와 사교육을 전면적으로 금지했습니다. 과외와 사교육 금지는 마치 가난한 국민을 위한 것처럼 포장되었지요. 하지만 권력이 있고 돈이 있는 사람들은 숨어서 과외를 하고 사교육을 했습니다. 제5공화국이 말하는 정의 사회는 바로 이런 모습이었습니다.

속담 한국사

열한 번째 보따리
6월 항쟁과 민주화

눈 가리고 아웅

아이를 어르고 달랠 때
얼굴을 손으로 가리고 있다가 떼면서 '아웅!' 하기도 해요.
아이에게 마치 다른 사람인 양하며, 깜짝 놀라게 하는 거예요.
그러면 아이는 재미있어 하며 까르르 웃지요.
그런데 이런 행동이 어른한테도 통할까요?
어른들은 그런 얕은꾀에 속지 않아요.
그래서 '눈 가리고 아웅'은
얕은꾀로 남을 속이려는 행동을 말해요.
1987년에도 이런 일이 있었답니다.

1987년 6월 항쟁

1987년 1월 14일, 한 일간지에 이상한 기사 한 줄이 떴습니다.

'대학생, 정보 기관에서 조사받다 쇼크사.'

사람들은 고개를 갸우뚱했습니다.

"정보 기관에서 조사를 받았다면, 그 학생은 데모를 하다 잡혀갔을 텐데…… 무슨 충격을 받았길래……."

재빨리 사건을 수습하려고, 수사 기관에서는 기자 회견을 열어 이렇게 발표했습니다.

"서울대학교의 학생 시위를 주도하던 박종운의 소재를 묻기 위해, 서울대학교 3학년 학생인 박종철 군을 연행했습니다. 그런데 취조를 시작한 지 얼마 안 되어, 갑자기 박종철 군이 '억' 소리를 내며 쓰러졌습니다. 곧장 병원으로 옮겼는데, 이미 숨을 거둔 뒤였습니다."

뒤에 있던 사람이 덧붙였습니다.

"수사관들이 책상을 한 번 '탁' 치니까, '억' 하면서 쓰러졌다고 하더라고요."

수사 기관의 발표는 사람들을 더욱 갸우뚱하게 만들었습니다.

"탁 치니 억 하고 쓰러졌다고? 이게 말이 되나?"

그런데 박종철이 쓰러졌을 때, 그 현장으로 달려갔던 의사가 이렇게 말했습니다.

"박종철 군은 취조실에 쓰러져 있었습니다. 그때, 현장은 물이 흥건했습니다."

그 말은 사람들의 머리카락을 쭈뼛하게 했습니다.

"이 겨울에 왜, 취조실에 물이 흥건했을까?"

"그러게 혹시……."

사람들은 의심하기 시작했습니다. 고문을 한 것이 아닌지, 그 고문에 의해 박종철이 숨을 거둔 것이 아닌지.

이를 안 경찰은 박종철 군의 시신을 서둘러 화장하려고 했습니다. 그러자 뜻있는 검사가 시신을 보존하라는 명령을 내렸고, 박종철에 대한 부검이 실시되었습니다.

박종철의 부검을 맡은 국립 과학 수사 연구소의 부검의는 1월 17일 이렇게 발표했습니다.

"온몸에 피멍이 들고, 엄지와 검지 사이에 피가 난 흔적이 있습니다. 사타구니, 폐 등이 훼손되었고, 복부가 부풀어 있고……. 폐에서 거품 소리가 들렸습니다."

부검의의 발표에, 나라가 발칵 뒤집혔습니다.

"부검의의 말이 사실이라면, 박종철은 전기 고문과 물 고문을 당한 게 분명하잖아!"

"박종철은 턱 치니 억 하고 죽은 게 아니라, 정권이 고문으로 살해한 거야!"

전두환 정권은 1980년 5월 민주주의를 요구하던 광주의 시민들을 잔혹하게 진압하고 권력을 쥔 이들이었습니다. 많은 이들이 이를 알리려 했지만, 국민들은 이를 알지 못했습니다. 정권이 언론을 완전히 장악하고 있었기 때문입니다. 이 때문에 국민들은 광주 시민들의 시위는 무장 공비들이 일으킨 폭동으로, 광주에서 죽어 간 이들은 무장 공비에게 살해된 것으로 알고 있었습니다. 정보 기관에서는 그 뒤에도 정권에 반대하는 이들을 쥐도 새도 모르게 잡아가고, 잔학하게 고문을 했지요. 그러나 이 역시 대부분의 사람들은 모르고 있었습니다. 대학가를 중심으로 광주의 진실과 전두환 정권의 폭력성을 알리려는 노력을 꾸준히 벌였지만, 정부는 북한 정권과 연관된 세력이 사회를 혼란시키기 위해 유언비어를 퍼뜨리는 것이라고 뉴스와 신문을 통해 선전했지요. 사람들은 또 '설마 일제 시대도 아닌데……. 사람의 탈을 쓰고 그럴 수는 없지.'라고 생각했습니다. 그런데 국가 기관이 한 대학생을 고문으로 숨지게 하다니! 국민들은 그제야 전두환 정권의 본 모습을 깨닫게 되었습니다.

"박종철을 살려 내라!"

대학가를 중심으로 연일 시위가 벌어지자, 정부는 사태를 수습하기 위해 꼬리 자르기에 나섰습니다. 처음에는 말단 수사관들이 실적을 올리기 위해 무리한 수사를 한 것이라며, 두 명의 수사관을 구속했습니다. 그러나 눈 가리고 아웅 할 수는 없는 일이었습니다. 두 수사관에게 돈을 주고, 모든 죄를 뒤집어씌우려 했다는 것이 금세 밝혀진 것입니다. 국민들은 더욱 분노했지요. 그리고 이렇게 생각하기 시작했습니다.

"이게 다 우리 사회가 민주적이지 못하기 때문이야. 우리 사회를 민주적으로 바꿔야 해."

"맞아! 무엇보다도 먼저 대통령을 국민이 직접 뽑아야 해! 그러려면 헌법을 바꿔야지."

거리로 나선 사람들은 이렇게 외치기 시작했습니다.

"민주 헌법 쟁취하자!"

그러자 4월 13일, 대통령 전두환이 직접 나서 이렇게 말했습니다.

"본인은 본인의 후임 대통령을 현재의 헌법에 의해 선출할 것을 선언합니다. 그러니 모든 정치 세력은 헌법을 개정하자는 일체의 논의와 주장을 중단하시오!"

전두환의 선포는 국민들의 분노를 더욱 부채질했습니다.

"지들이 뽑은 허수아비 같은 선거 조직을 앞세워, 또 지들 맘대로 하겠다는 말인 거지!"

시위는 점점 격렬해졌습니다. 대학생들을 중심으로, 대학에서 거리에서 연일 시위가 벌어졌습니다. 연세대학교 학생들도 날마다 격렬하게 시위를 벌였지요.

"박종철을 죽인 정권, 전두환은 물러나라!"

"민주 헌법 쟁취하고, 대통령을 내 손으로!"

전투 경찰들은 학생들에게 연신 최루탄을 쏘았습니다. 그런데, 맨 앞에서 시위를 하던 한 학생이 최루탄에 맞아 쓰러지고 말았습니다.

"한열아! 한열아!"

학생들은 쓰러진 이한열을 병원으로 옮겼지요. 그러나 이한열은 숨을 거두고 말았습니다.

이한열의 죽음은 국민들의 분노에 기름을 부은 격이었습니다.

"고문해서 죽이고, 최루탄으로 쏴서 죽이고! 이제는 광주에서처럼 탱크와 기관총으로 죽일 셈이냐!"

더 많은 사람들이 거리로 쏟아져 나오기 시작했습니다. 사람들은 시위대가 지나갈 때 박수를 쳐 주고, 물을 나눠 주기도 했습니다. 마침내는 회사에서 일하던 회사원들도 거리로 쏟아져 나왔지요. 이제 시위대의 중심은 학생이 아니었습니다. 일반 시민들이 시위의 중심이 되어, 도시와 거리거리를 누비기 시작했습니다.

전두환 정권은 이제 더 이상 버틸 수 없음을 느꼈습니다. 그래서 전두환이 이끄는 민주정의당(민정당) 대통령 후보였던 노태우는 이렇게 선언했습니다.

"본인은 국민들의 심판을 받겠습니다. 직선제로 헌법을 개정한 뒤, 대통령 선거를 치르겠습니다!"

국민들은 환호성을 질렀습니다.

"이제, 우리 손으로 대통령을 뽑을 수 있다!"

"이제, 민주주의로 가는 길이 활짝 열렸다!"

6월 항쟁과 6·29 선언

1987년은 정치적으로 민감한 해였습니다. 12월에 대통령 선거가 있었기 때문입니다. 전두환은 헌법을 7년 단임제로 개정해 놓았기 때문에, 더 이상 대통령 노릇을 할 수 없었습니다. 그래서 일찌감치, 자신의 친구이자 12·12 군사 정변을 함께 주도했던 노태우를 다음 대통령으로 점찍어 놓고 있었습니다.

전두환 정권은 본질적으로 박정희 정권과 같은 군사 독재 정권이었습니다. 그러나 박정희 때와는 세상이 달라져 있었습니다. 경제도 성장

▲ **시청 앞을 가득 채운 시민들**
박종철과 이한열의 죽음은 시민들의 민주화 의지에 불을 붙이는 촉매제가 되었다.

했고 교육 수준도 높아졌습니다. 국민들을 무조건 억압만 할 수는 없었습니다. 이 때문에 1984년 '학원 자율화' 조치를 내놓았습니다. 이 조치로, 대학에 상주하고 있던 경찰들이 철수했습니다. 또 민주화 운동을 하다 제적된 학생들이 학교로 돌아올 수 있었습니다. 이때부터 각 대학들은 거센 민주화 바람으로 술렁였습니다. 일반 국민들 역시 박정희 정권 때와는 달랐습니다. 미국은 물론 유럽의 여러 나라들과의 접촉이 잦아지며 서구의 자유와 민주주의에 대해 더 많은 정보를 얻을 수 있었기 때문입니다. 국민들은 보다 민주적인 사회, 보다 자유로운 사회를 열망하고 있었습니다.

그런 분위기 속에서 대통령 선거를 맞았으니, 정권은 바짝 긴장할 수밖에 없었습니다. 자신들에게 반대하는 이들을 가차 없이 찾아내어 잡아 가두려고 했지요. 이를 통해 민주 세력의 기를 꺾어 놓고, 순탄하게 대통령 선거를 치르려 했던 것입니다.

그런데 1987년 새해 벽두부터 **박종철 고문치사 사건**이 일어났지요. 그리고 약 6개월 뒤 **이한열 사망 사건**이 일어났습니다. 이 사건들로 국민들은 전두환 정권이 얼마나 폭력적이고 비도덕적인지 분명하게 알게 되었고, 이 때문에 대학생들 시위에 수많은 시민들이 호응하기 시작했습니다. 이제 시위의 중심이 대학생들에서 시민들로 바뀐 것이지요. 시민들의 시위는 6월 10일부터 약 20일 간 집중적으로 이어졌는데, 이를 두고 **6월 항쟁**이라고 합니다.

그러자 6월 29일 민정당의 대통령 후보였던 노태우가 "직선제 개헌을 하겠다."라고 선언합니다. 대통령의 임기는 5년 단임제로 정하고, 국민들의 직접 투표로 뽑도록 헌법을 바꾸겠다고 한 것입니다. 이를 **6·29 선언**이라고 하지요. 이로써 우리 국민은 17년 만에 다시, 국민의 손으로 대통령을 뽑을 수 있게 되었습니다. 이는 민주화로 가는 첫걸음으로 여겨졌습니다.

삼당 합당과 문민 정부

6·29 선언으로 헌법이 개정되고, 1987년 12월 13대 대통령 선거가 실시되었습니다. 국민들은 이제 자신의 손으로 직접 대통령을 뽑을 수 있다는 희망에 부풀었습니다. 1961년 5·16 군사 정변이 일어난 뒤 27년 만에, 군사 정부가 아닌 민간 정부를 만들 수 있다는 희망이었지요. 그런데 이런 희망에 찬물을 끼얹는 일이 벌어졌습니다.

여당이었던 민정당의 후보는 노태우였습니다. 그런데 야당은 김대중과 김영삼, 두 사람으로 나뉘었습니다. 김대중과 김영삼은 모두 박정희 정권 때부터 독재와 맞서 싸우던 정치 지도자들이었습니다. 국민들은 두 사람 가운데 한 사람이 양보하기를 바랐습니다. 그러나 둘 중 누구도 양보를 하지 않았고, 결국 대통령 선거는 여당 후보 한 사람에, 야당 후보는 여럿인 상황이 되고 말았습니다. 선거 결과 노태우가 유효 투표의 36.6퍼센트를 얻어 1위에 올랐고, 김영삼과 김대중은 각각 28퍼센트와 27퍼센트를 얻어 2, 3위에 그치고 말았습니다. 두 사람의 표를 합치면 55퍼센트로, 두 사람 중 한 사람이 양보했다면 당선되고도 남을 상황이었지요. 국민들은 땅을 치고 안타까워했습니다. 그런 상황에서 1988년 2월 노태우가 대통령에 취임했습니다. 제6공화국이 출범한 것입니다.

다행히도 이듬해인 1988년 치러진 국회 의원 선거에서는 야당이 대거 당선되었습니다. 이는 입법권은 민주 세력이 장악했다는 점에서, 국민에게 큰 위안이 되었습니다. 그런데 정권을 이끌어 가야 하는 노태우 입장에서는 큰일이었습니다. 대통령 선거에서 지지율이 40퍼센트도 안 되었는데, 국회마저 제 맘대로 움직이기 힘들게 되었으니까요. 그래서 노태우는 비밀리에 3당 합당을 추진했습니다. 자신이 이끄는 민주 정의당과 김영삼이 이끄는 통일 민주당, 그리고 김종필이 이끄는 신민주 공화당, 이 3개의 당을 합쳐 민주 자유당을 만든 것입니다. 군인 출신으로 박정희의 오른팔이었던 김종필이 같은 군인 출신인 노태우와 합치는 것은 당연해 보였습니다. 그러나 평생을 박정희와 전두환의 군사 독재에 맞서 싸웠던 김영삼이 노태우와 손을 잡은 것에 대해서는 비판이 쏟아졌습니다. 차기 대통령이 되기 위해 노태우와 손을 잡은 것이라는 비판이었지요. 이에 대해 김영삼은 '구국의 결단'이라고 주장했습니다.

그러나 어쨌든 3당 합당은 김영삼이 대통령이 되는 유리한 발판을 만들어 주었습니다. 그는 결국 1992년 12월 치러진 대통령 선거에서 당선되어, 14대 대통령이 되었습니다. 문민 정부가 시작된 것입니다.

이듬해인 1993년 대통령에 취임한 김영삼은 금융 실명제를 실시했습니다. 금융 실명제란 통장을 만들 때 반드시 자신의 이름으로 만들어야 하는 법이었습니다. 그 이전까지 통장을 만들 때는 '아이언 맨' 같은 별명을 쓰거나, '4학년 1반'과 같은 모임 이름을 쓸 수 있었습니다. 이 때문에 누구의 금융 재산이 얼마인지 파악하기가 어려웠습니다. 마음만 먹으면 얼마든지 돈을 숨기거나 빼돌려 불법 자금을 만들고 세금을 내지 않을 수 있었지요. 금융 실명제는 이러한 문제를 막기 위해 만든 법이었습니다. 오늘날과 같은 지방 자치제가 실시된 것도 이때였습니다.

문민 정부 시기에는 '역사 바로 세우기 운동'도 펼쳐졌습니다. 이를 통해 12·12 군사 반란과 광주 민주화 운동의 진실을 밝히려고 했던 것입니다. 결국 전두환과 노태우 등 12·12 군사 반란을 일으키고 광주를 짓밟으며 권력을 차지한 이들은 재판을 받고 구속되었습니다.

▲ 재판받는 전두환, 노태우 두 전직 대통령

문민 정부에서는 '5·18 특별법'을 제정하여, 전두환을 비롯한 1980년 당시 신군부 핵심 인물 열한 명을 구속 기소했다. 적용된 법은 군형법상 '반란 수괴죄'였다. 그 결과 1996년 4월 대법원 상고심에서 전두환 사형, 노태우 징역 12년 등을 선고받았다. 그러나 그해 12월 22일 대통령 김영삼은 이들을 모두 특별 사면했다. '국민 대화합'이란 명분에서였다.

속담 한국사

열두 번째 보따리
금융 위기 극복과 미래로 가는 대한민국

어느 구름에서 비가 올지

구름은 비를 내려요.
하지만 모든 구름에서 비가 내리는 건 아니지요.
시커먼 먹구름이라도 계속 그 상태로 머물러 있기도 하고
하얗던 뭉게구름이 갑작스레 변하며 비를 뿌릴 수도 있어요.
그래서 '어느 구름에서 비가 올지'라는 속담은
일의 결과는 미리 짐작할 수 없다는 말이에요.
우리가 앞으로 살아가야 할 미래 역시 마찬가지일 거예요.
우리의 미래가 어떻게 펼쳐질지는
함부로 짐작할 수 없답니다.

IMF가 뭐길래

1997년 12월 3일 저녁이었습니다. 정호네 식구들은 텔레비전을 보며 식사를 하고 있었지요. 그런데 뉴스를 보던 아버지가 갑자기 숟가락을 내려놓았습니다.

"정부는 국가 부도 위기를 극복하고자, IMF(아이엠에프)로부터 금융 지원을 받기로 했습니다."

아버지의 얼굴이 어두워졌습니다. 그러나 정호는 고개를 갸웃했습니다. '국가 부도', 'IMF'와 같은 단어들이 생소했기 때문입니다.

"저게 무슨 소리야?"

정호의 말에 중학생 누나가 잘난 체하듯 말했습니다.

"역시, 초딩. 우리나라가 외국에서 빌린 돈을 갚지 못하게 돼서, IMF에서 돈을 꾸어다 쓴다는 이야기야."

정호는 입을 삐죽였지요. 그러나 여전히 이해가 안 갔습니다.

"우리나라가 IMF에서 돈을 꿔다 쓴다고? IMF가 은행이야?"

누나는 모르겠다는 듯 어깨를 으쓱했지요. 정호는 아버지를 쳐다보

앉습니다. 아버지는 계속 뉴스에만 귀를 기울이고 있었습니다.

"아빠, IMF가 뭐냐니까요?"

그제야 아버지가 정호를 바라보더니 한숨을 내쉬었습니다.

"IMF는 우리말로 국제 통화 기금(International Monetary Fund)인데, 국가 부도 위기에 몰린 나라에 자금을 지원하는 역할을 해. 그러니까, 뭐, 은행이라고 해도 크게 틀린 말은 아닐 것 같구나."

아버지는 이렇게 말하며 식탁에서 일어났습니다. 그러고는 누군가에게 전화를 걸었습니다. 그날, 아버지는 여기저기 한참 동안 통화를 했습니다.

그 뒤 아버지의 퇴근 시간은 자정을 넘기기 일쑤였습니다. 그렇게 두 달이 지난 이듬해 2월, 김대중 대통령의 취임식이 열렸습니다. 김대중은 이렇게 말했습니다.

"IMF의 개입을 적극적으로 받아들이고, 경제 개혁을 시작하겠습니다."

아버지는 뉴스를 보며, 땅이 꺼져라 한숨을 내쉬었습니다. 그리고 슬쩍 일어나 방으로 들어갔습니다.

3월, 정호는 4학년이 되었습니다. 새 학년이 되면 왠지 마음이 들뜨기 마련이었습니다. 새 옷, 새 신발, 새 책, 새 선생님……. 그런데 이번 학년은 여느 때처럼 새 것으로 채울 수가 없었습니다. 아버지가 다니던

은행에서 해고당했기 때문입니다.

그 여파는 가장 먼저 누나에게 미쳤습니다.

"정은아, 학교를 옮기자."

어머니의 말에 누나는 펄쩍 뛰었습니다.

"첼리스트가 되려면 예술 중학교에 가야 한다고 엄마가 그랬잖아. 그래서 열심히 연습해서 합격한 거잖아. 그런데 이제 와서 그만두라고? 그게 말이 돼?"

"어느 구름에서 비가 올지 모른다고 했어. 예술 중학교에 못 다녀도 열심히 연습하면……."

"싫어! 싫어! 싫다고."

누나가 씩씩거리며 책가방을 집어던지자, 어머니가 누나의 등을 한 대 쳤습니다.

"너 정말 이럴래?"

누나는 아버지에게 달려갔습니다.

"아빠, 아빠가 말해 줘. 나 그냥 학교 다녀도 되는 거지? 나 첼로 계속해도 되는 거지?"

그러나 아버지는 아무 말도 하지 못한 채, 고개만 수그렸습니다. 그런 아버지를 보며 누나는 눈물을 터트렸습니다.

"정말 너무해! IMF인지 뭔지, 정말 싫어!"

누나 일로 집안 분위기는 계속 우울했습니다. 그러나 정호는 궁금했습니다.

'IMF가 왜? 아빠가 은행에서 해고된 거랑 IMF가 관련이 있나?'

텔레비전을 켤 때마다, 가판대의 신문마다, IMF는 끊임없이 등장했습니다. 어떤 때는 IMF 사태라고도 하고, 어떤 때는 IMF 금융 위기라고도 하고, 또 **외환** 위기라는 말도 곧잘 들렸습니다. 그러나 정호는 그것이 무엇인지 이해가 가지 않았습니다.

그러던 어느 날, 1등을 도맡아 놓고 하던 한석이가 말했습니다.

"나 학원 다 끊었다."

한석이는 신난 것처럼 말했지만, 하나도 신나 보이지 않았습니다.

"왜?"

한석이는 울먹이며 말했습니다.

"IMF 때문에 아빠 사업이 망했대."

또 IMF였습니다. 정호는 한석이의 뒷모습을 보며 생각했습니다.

'IMF가 뭔데, 우리 아빠를 실업자로 만들고, 한석이 아빠를 망하게 하는 걸까?'

외환 위기와 극복

1997년 가을, 우리나라는 외국에 많은 빚을 지고 있었습니다. 정부에서도 외국 정부로부터 돈을 꾸어 오기도 했고, 기업들도 외국 은행에서 돈을 꾸어다 썼던 것입니다. 그런데 갑자기 돈을 빌려 준 나라들이 돈을 갚으라고 하기 시작했습니다. 우리나라에 돈을 묶어 두는 것이 위험하다고 판단했기 때문입니다. 그러나 우리 정부도 기업도, 내줄 돈이 없었습니다. 즉, 우리나라는 빚을 갚지 못하는 **국가 부도 위기**에 처하게 된 것이지요.

이를 막으려면 어디선가 돈을 끌어와야 했습니다. 그러나 이미 국가 부도 위기에 처한 나라에 돈을 빌려 줄 곳은 그 어디에도 없었습니다. 이런 상황을 대비해 국제 사회에서 만든 국제 기구가 바로 **국제 통화 기금**, IMF입니다. 결국 우리나라 정부는 IMF에서 돈을 꾸어 오기로 결심했지요.

그러나 IMF가 아무 대가 없이 돈을 꾸어 줄 리 없었습니다. 또 다른 나라에 자금을 지원하려면, 빌려 준 돈을 받아 내야 하니까요. 이 때문에 IMF로부터 구제 금융을 받는다는 것은 IMF가 우리나라 경제에 개입하고 우리 경제 구성원들이 그들의 지휘를 받아야 한다는 뜻이기도 했습니다.

IMF가 원하는 것은 우리나라의 외환 보유고를 늘려서, 자신들이 빌려준 자금을 도로 찾아가는 것뿐입니다. 그래서 우리나라에 철저한 구조 조정을 요구했습니다. 구조 조정은 한마디로 나라와 기업에서 경쟁력이 없는 부분은 과감하게 없애는 것입니다. 예를 들어, 우리나라에 자동차 회사가 2개만 있으면 적당하다고 판단되는데 3개가 있을 경우, 가장 경쟁력이 없는 한 개의 회사를 없애도록 하는 것이지요. 말로만 들으면 맞는 말인 듯싶습니다.

　그러나 그렇게 되면 우리 돈을 들여 만든 회사가 외국에 넘어가게 됩니다. 우리나라에서는 그 회사를 살 돈을 가진 이가 없으니까요. 이것은 결국 우리 자산을 다른 나라에 헐값에 넘기게 되는 결과가 되고 말지요. 또 그 회사에서 일하던 사람들은 일자리를 잃게 됩니다. 실업자가 생기는 것입니다. 실업자가 생기면, 그만큼 사람들이 쓸 돈도 줄어들게 마련입니다. 집을 고치려던 사람도 그냥 살게 되고, 외식을 하려던 사람도 집에서 밥을 먹게 됩니다. 치아를 교정하려던 사람도 나중으로 미루게 되지요. 그러면 집을 고쳐 주는 인테리어 업자나 삼겹살집 사장님, 치과 의사들의 경제 사정도 좋지 않게 될 수밖에 없지요. 정호네 아빠가 실직한 것이나, 한석이네 아빠 회사가 망한 것은 바로 이 때문입니다. 사람들은 이러한 문제들을 흔히 IMF 사태, IMF 외환 위기, IMF 경제 위기 등으로 부르고 있지요.

하지만 우리나라는 IMF로부터 금융 지원을 받은 지 4년도 채 되지 않은 2001년 8월, IMF로부터 빌린 돈을 모두 갚았습니다. 우리 국민 모두가 나라의 위기를 극복하고자 고통을 분담하고 힘을 모았기 때문입니다.

2002 월드컵과 우리의 미래

　IMF에게 빌린 돈을 모두 갚은 이듬해, 우리나라는 일본과 함께 전 세계인의 축제인 2002 월드컵을 개최했습니다. 우리나라는 이 대회에서, '월드컵 4강 신화'를 쏘아 올리는 등 성공적으로 대회를 마무리했습니다. 그리고 그해 겨울 대통령 선거에서 노무현이 대통령으로 당선됨으로써, 2003년 참여 정부가 시작되었습니다. 5년 뒤 선거에서는 이명박이, 다시 5년이 지난 2012년 대선에서는 박근혜가 대통령으로 당선되어, 지금에 이르고 있습니다.

　앞으로 우리나라는 어디로 가야 할까요? 우리 대한민국이 가야할 길은 크게 두 방향이라고 볼 수 있을 것입니다.

　하나는 통일입니다. 박정희가 이끌던 '제4공화국' 시절, 비록 비밀 접촉이었지만, 남북한은 7·4 남북 공동 성명(1972년)을 통해 '자주, 평화, 민족 대단결'을 통일의 3대 원칙으로 합의했습니다. 그러나 이후 남북한은 서로를 국가로 인정하지 않으며 평행선을 달렸습니다. 이는 전두환의 재임 시기인 '제5공화국'까지 계속되었지요.

　그러나 노태우가 이끌던 '제6공화국'에서는 북한과의 관계에 변화가 생겼습니다. 정부는 북방 외교를 전개했습니다. 그 결과 1991년에는 남북한이 동시에 UN에 가입했고 '남북 고위급 회담'을 통해 '남북 기본 합의서'를 채택했습니다. 이 합의서는 남북한 화해와 불가침, 교류와 협력에 대해 합의한 것입니다. 또 한반도 비핵화 선언을 했습니다. 하지만 북한의 핵 개발 의혹으로, 남북 관계는 다시 얼어붙고 말았습니다.

김대중이 이끌었던 국민의 정부에서는 다시 북한에 손을 내밀었습니다. 그 결과 2000년 6월 13일, 평양에서 김대중과 김정일, 남북한 두 정상이 회담을 열었습니다. 두 정상은 회담을 통해 합의한 내용을 6·15 남북 공동 선언으로 발표했습니다. 이는 남북한의 경제와 인적 교류에 대한 선언으로,

▲ 두 손을 맞잡은 남북 정상
남북의 지도자들이 정상 회담을 벌인 것은 1948년 김구 선생이 남북한 동시 선거를 위한 협상을 벌이기 위해 평양을 방문한 이후, 50여 년 만에 일어난 역사적 사건이었다.

그 결과 금강산 육로 관광이 시작되었습니다. 경의선 철도도 복구되고, 개성에 공단도 만들어졌지요. '국민의 정부' 시기 북한에 대한 정책을 햇볕 정책이라고 합니다. 김대중의 뒤를 이어 대통령이 된 노무현 역시 햇볕 정책을 이어받았고, 2007년 평양에서 제2차 남북 정상 회담이 열렸습니다. 그러나 이명박 정권에 들어오면서, 북한의 미사일 발사 등으로 인해 남북 관계의 소통은 막혀 버렸지요.

남과 북의 관계는 이처럼 화해와 경색(소통되지 못하고 막힘)을 거듭했습니다. 그러나 통일을 위한 노력이 앞으로도 계속된다면, 우리나라의 통일은 꼭 이루어질 것입니다. 그것이 남북한 모두가 세계 무대에서 살아남는 방법이고, 또한 그것이 전 세계 평화에 이바지하는 길이기 때문입니다.

'통일'과 더불어 대한민국이 나아가야 할 또 하나의 방향은 복지 사회일 것입니다. 복지 사회란 한마디로 모두가 행복하고 인간다운 삶을 누릴 수 있는 사회입니다. 그러기 위해선 무엇보다도 먼저 일자리가 넉넉해야 하고, 일을 한 만큼 보수를 받을 수 있어야 합니다. 일자리를 찾을 수 없거나 일을 하는데도 합당한 보수를 받지 못하면, 그 누구도 행복한 생활을 꿈꿀 수 없기 때문입니다. 또한 사회적 약자들을 보호할 수 있는 제도를 만들어야 합니다. 가난한 사람, 장애인, 이주 노동자 등 우리 사회의 약자들이 가난과 편견을 이겨 내고 잘살 수 있는 사회를 만들어야 하는 것입니다.

'어느 구름에서 비가 올지'라는 속담처럼, 앞으로의 일은 아무도 장담할 수 없습니다. 그러나 우리의 미래는 우리가 어떤 사회를 이룩하려고 하느냐에 따라, 또 그것을 위해 어떻게 노력하느냐에 따라, 달라질 수 있음을 꼭 기억해야 할 것입니다.